Martin Hodler

Visionär führen, menschlich handeln

Gedanken und Strategien für
den beruflichen Erfolg

D1719129

Impressum

Bibliografische Information der Deutschen Nationalbibliothek:
www.d-nb.de.

© Martin Hodler, Bern · 2014

Verlag	Stämpfli Verlag AG, Bern, www.staempfliverlag.com
Lektorat, Korrektorat	Benita Schnidrig, Stämpfli Verlag AG, Bern
Inhaltsgestaltung	Edith Helfer Kalua, Bern
Umschlaggestaltung	Nils Hertig, clicdesign ag, Liebefeld Bern
Druck	Stämpfli Publikationen AG, Bern

ISBN 978-3-7272-1343-4

Auch als E-Book erhältlich: ISBN 978-3-7272-1373-1

Printed in Switzerland

Inhaltsverzeichnis

Vorwort 9

Steht das irgendwo geschrieben, ist in irgendeiner Form
festgehalten, was du mir gerade erzählt hast? Wo kann man
das in Ruhe nachlesen? Schade, wenn deine langjährige
praktische Erfahrung verloren ginge!

Das eigene Verhalten 13

«Wie man etwas tut, ist ebenso wichtig, wie was man tut.»
Die Zukunft eines Unternehmens hängt zu einem grossen Teil
vom Verhalten der Führungskräfte ab.

Die Subjektivität als Basis des erfolgreichen Verhaltens 16

Nicht nur wer wagt, gewinnt, sondern auch wer fragt.

Das Eisberg-Prinzip 23

Immer zuerst der Mensch und dann die Zahlen – oder
unter die Wasseroberfläche schauen.

Dienen kommt vor dem Verdienen 26

Management exists for the sake of the organisation.
It is the servant of the organisation. And any management
that forgets that is a mismanagement.

Was kauft der Kunde? 28

Wir verkaufen den Kunden Träume – danach Polos,
Krawatten und Hosen.

Echte Partnerschaften als Erfolgsfaktor 30

Ich habe kein Marketing gemacht. Ich habe immer nur
meine Kunden geliebt.

Kreative Altruisten sind erfolgreicher als Hardliner 31

Ergänzendes Aufeinanderzugehen bringt mehr als ein
Führen nach dem Motto «Ordnung regiert die Welt».

Schlusswort 141

Nicht weil es schwer ist, wagen wir's nicht; weil wir's nicht wagen, ist es schwer.

Ich habe in meiner beruflichen Laufbahn nicht nur bedeutende Männer kennen gelernt. Beeindruckt haben mich auch Frauen, die in ihren Führungspositionen auf vorbildliche Art und Weise «ihren Mann gestellt haben». Um die Lesbarkeit nicht zu erschweren, gestatte ich mir gleichwohl, an gewissen Stellen nur die männliche Form zu verwenden. In diesen Fällen gilt sie selbstverständlich auch für die weibliche.

Vorwort

Steht das irgendwo geschrieben, ist in irgendeiner Form
festgehalten, was du mir gerade erzählt hast? Wo kann man
das in Ruhe nachlesen? Schade, wenn deine langjährige
praktische Erfahrung verloren ginge!

Solche und ähnliche Fragen und Aussagen habe ich in den vergangenen Jahren immer wieder gehört, sei es in Gesprächen mit meinen Töchtern und deren Freundinnen und Freunden, die mitten ihm Studium steckten, sei es im Zusammenhang mit meinen Führungsfunktionen.

Dies hat mich bewogen, nach meiner über 40-jährigen Tätigkeit in grossen, mittelgrossen und kleinen international tätigen Unternehmen die gemachten Erfahrungen in Form einiger praktischer Tipps festzuhalten.

In Gesprächen mit Vertretern der jüngeren Generation wurde mir klar, dass es trotz des immer häufigeren Propagierens neuer Managementmethoden Erfolgsfaktoren gibt, die sämtliche Veränderungen und Turbulenzen zu überstehen scheinen. Diese Erfolgsfaktoren tauchen immer wieder auf. Nicht überall in der gleichen Form, aber doch mit derselben Bedeutung. Je nach der jeweiligen Situation (wirtschaftlicher Aufschwung, Stagnation, Rezession) wird ihnen mehr oder weniger Bedeutung beigemessen.

Erstaunlich ist, dass sie im Rückblick oft als diejenigen Erfolgsfaktoren betrachtet werden, welche die Managerinnen und Manager in guten Zeiten hätten beachten sollen, um negative Auswirkungen in schlechteren Zeiten zu minimieren. Sie stellen offenbar eine Grundlage für das nachhaltig gute Führen eines Unternehmens dar.

Diesen Erfolgsfaktoren wird meiner Meinung nach an unseren Ausbildungsstätten nicht genügend Beachtung geschenkt. Oft wird dem «Was zu tun ist» mehr Bedeutung beigemessen als dem «Wie man es tun sollte».

Die vorliegende Broschüre soll mithelfen, Berufsschülerinnen und -schüler sowie Studentinnen und Studenten, die von einer erfolgreichen Karriere in unserem Wirtschaftssystem träumen, für das zu sensibilisieren, was letztlich auf lange Sicht über Erfolg und Misserfolg entscheidet.

Doch was verstehe ich unter Erfolg? Erfolg muss in engem Zusammenhang mit Ausdrücken wie Nachhaltigkeit, ethischer Vertretbarkeit sowie Umwelt- und Menschenorientierung stehen. Erfolgreich ist, wer sich in diesem Sinne herausfordernde Ziele setzt und diese erreicht, sei es in der Wirtschaft, sei es im sozialen Bereich, in der Kultur oder im Sport. Wachsen nur um des Wachsens willen, Geld verdienen, nur um sich persönlich zu bereichern, kann nicht der wahre Sinn erfolgreichen Handelns sein.

Das Streben nach Erfolg und das Erbringen überdurchschnittlicher Leistungen sollen in erster Linie die Voraussetzungen schaffen, um den Wohlstand in einer Gesellschaft besser zu verankern und möglichst vielen Menschen einen Arbeitsplatz zu garantieren, der ihnen ein lebenswertes Dasein ermöglicht.

Doch mit dem Definieren erstrebenswerter Ziele allein ist es nicht getan. Zu deren Erreichung braucht es den Willen, die Kraft und nicht zuletzt die Gabe, möglichst alle Talente und Fähigkeiten optimal auszunützen.

Im Bereich der Schweizer Wirtschaft, in der ich den Grossteil meiner Erfahrungen gemacht habe, bedeutet dies, dass sich unsere Unternehmen – seien es multinationale Konzerne oder die unzähligen KMUs (kleinere und mittlere Unternehmen) – sinnvolle, nachhaltige, umweltverträgliche und sozial verantwortbare Ziele setzen und die Grundlagen schaffen, dass sich diese so effizient wie möglich erreichen lassen.

Die in der vorliegenden Broschüre aufgeführten Tipps sollen praktische Hinweise geben, was jede und jeder von uns in seinem Wirkungsbereich dazu beitragen kann.

Meine Ausführungen erheben keinen Anspruch auf Vollständigkeit. Es soll einzig anhand verschiedener Beispiele gezeigt werden, was unabhängig von Zeit und Örtlichkeit immer von Bedeutung zu sein scheint. Ich habe dabei diejenigen Modelle und Überlegungen ausgewählt, die mir in meiner beruflichen Karriere am meisten geholfen haben.

Die Broschüre soll dazu anregen, sich eigene Gedanken zu machen und gegebenenfalls die entsprechende Fachliteratur zu konsultieren. Der zukünftigen Führungsgeneration soll sie zeigen, dass Fachwissen, betriebswirtschaftliche Kenntnisse und Ehrgeiz sehr wichtig sind, alleine jedoch nicht genügen, um anhaltend erfolgreich zu sein.

Bern, im Dezember 2013
Martin Hodler

Das eigene Verhalten

*«**Wie** man etwas tut, ist ebenso wichtig, wie **was** man tut.»*
Die Zukunft eines Unternehmens hängt zu einem grossen Teil
vom Verhalten der Führungskräfte ab.

Das eigene Verhalten als entscheidender Erfolgsfaktor

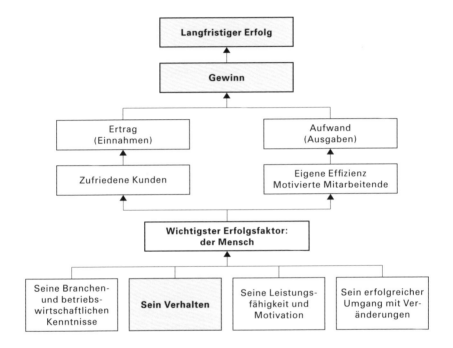

Letztlich geht es, will man das langfristige Überleben eines Unternehmens sichern, immer um den finanziellen Erfolg, sprich den Gewinn. Er darf jedoch nicht das alleinige Ziel sein. Die Ansprüche aller am Unternehmen interessierten Kreise sind ebenso in Betracht zu ziehen. Es sind dies die sogenannten Stakeholder, die Kunden, die Aktionäre, die Mitarbeitenden, die Lieferanten, die Partner und nicht zuletzt auch die Gesellschaft als Ganzes.

Der Gewinn ist nicht viel mehr als ein Mittel zum Zweck. Er hängt unmittelbar vom erzielten Ertrag durch den Verkauf von Produkten und/oder Dienstleistungen und vom dazu notwendigen finanziellen Aufwand ab, mit anderen Worten, von der Produktivität der gesamten Wertschöpfungskette. Sowohl die Qualität des Umgangs mit den Kunden als auch die Qualität der innerbetrieblichen Zusammenarbeit sind dabei von grosser Bedeutung. Mitentscheidend ist deshalb immer der Mensch und sein Verhalten.

Weltanschauliche Überlegungen und ein genaues Beobachten dessen, was sich in den zwischenmenschlichen Beziehungen abspielt, können zu einem tieferen Verständnis – und damit zu einer rational nachvollziehbaren Akzeptanz – der Bedeutung des Verhaltens führen. Das ist in unserer kopflastigen Zeit nicht unbedeutend.

Die Subjektivität als Basis des erfolgreichen Verhaltens

Nicht nur wer wagt, gewinnt,
sondern auch wer fragt.

«Wir müssen zur Kenntnis nehmen, dass Tatsachen, Wirklichkeit und Realität erst durch den besonderen methodischen Zugriff des Forschers entstehen. Ich möchte es noch provozierender sagen: Tatsachen, Wirklichkeit und Realität werden sozusagen erst unter dem ‹Vorurteil› des speziellen Regeln-und-Methoden-Kanons sichtbar. Tatsachen, Wirklichkeit und Realität werden in vorurteilsspezifischer Form hervorgehoben! Vorurteilsfrei kann man gar nicht an sie herankommen. Diese Einsicht lehrt uns etwas sehr Wichtiges: Es ist nicht der Mühe wert – und wir sollten es daher gar nicht versuchen – nach einer so genannten ‹wahren Wirklichkeit› Ausschau zu halten. Sie ist nicht zu finden. Wir sind für eine ‹wahre naturwissenschaftliche Wirklichkeit› aber nicht zu dumm, sondern sie existiert nicht! Aber nicht nur die Naturwissenschaft produziert Wirklichkeiten. Auch anderes – nicht nur rational Wissenschaftliches – kann für uns zur lebendigen Wirklichkeit werden. Auch hier finden wir eine unglaubliche Fülle möglicher Wirklichkeiten. Eine absolute Wirklichkeit, sozusagen mit einem ‹Prioritäts-Attest›, gibt es also nicht. Der blinde Glaube, dass man im Besitz der ‹wahren› Wirklichkeit sein könne und aus einer gesicherten Position heraus in der Lage wäre, dort zu handeln, erweist sich bald als eine gefährliche Täuschung.» (Prof. Dr. Gerhard Fasching, Ordinarius und Institutsvorstand an der Technischen Universität Wien, 2002)

Gerhard Fasching und viele andere Wissenschaftler sind überzeugt, dass jede menschliche Sicht nur subjektiv ist. Sogenannt «wissenschaftlich bewiesene Zusammenhänge» sind für sie mit Vorsicht zu betrachten. Die Annahme, dass wir Menschen die Realität immer nur durch einen Filter sehen, scheint ihre Berechtigung zu haben.

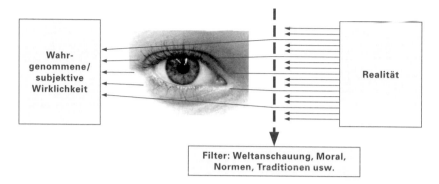

Die meisten Religionen lehren uns, dass wir nicht nur verstehen, sondern auch glauben sollen.

Das wohl bekannteste Beispiel aus der Naturwissenschaft, dass für ein spezifisches Phänomen mehr als eine Wirklichkeit besteht, ist der Teilchen-Wellen-Dualismus des Lichtes: Das Licht verhält sich je nach Versuchsanordnung und je nach Beobachtungsart im einen Fall, als wäre es ein materielles Teilchen (Schwärzung einer fotografischen Platte), und im anderen Fall, als wäre es eine Welle (Brechung des Lichtes an einem Prisma). Hier zeigt sich ein und dasselbe «Objekt» auf zweifache Weise als «Wirklichkeit». Das Licht ist nicht entweder Teilchen oder Welle, sondern, je nach Betrachtungsweise, sowohl Teilchen als auch Welle.

Unter «Wirklichkeit» wird im Folgenden das verstanden, was das Individuum als Wahrheit betrachtet, und unter «Realität» die letztendliche, absolute Wahrheit.

Sollte die von Gerhard Fasching dargestellte und am Beispiel des Wellen-Teilchen-Dualismus des Lichts erläuterte Ansicht zutreffen, hätte dies für jeden einzelnen Menschen entscheidende Konsequenzen. Dies ganz speziell auch, wenn es um das Führungsverhalten innerhalb eines Unternehmens geht. Es würde bedeuten, dass eine ganzheitliche Sicht mittels Teamwork viel eher garantiert ist als durch eine einzelne Person und dass mehrere subjektive Sichten die Quantität und die Qualität der beschaffbaren Information vergrössern.

Andersdenkende sind somit nicht eine Gefahr, sondern ein Gewinn. Sie rütteln nicht an einem absoluten Weltbild, sondern ergänzen eine bestimmte subjektive Sicht durch eine andere subjektive Sicht. Andersdenkende zu verstehen, kann dazu dienen, den eigenen Informationsstand zu erweitern.

Die subjektive Wahrnehmung
Nehmen wir an, drei Individuen befänden sich im zweidimensionalen Raum an den Standorten A, B und C. Von einem zu betrachtenden Objekt sehen die drei nur Strecken verschiedener Länge, je nach Standort.

Die Wahrheit liegt zwischen den Menschen

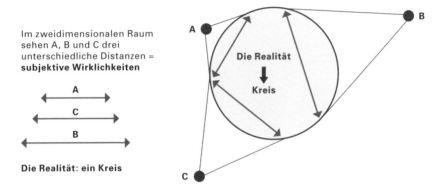

Im zweidimensionalen Raum
sehen A, B und C drei
unterschiedliche Distanzen =
subjektive Wirklichkeiten

Die Realität: ein Kreis

Falls sie auf dem beharren, was sie von ihrem Standpunkt aus wahrnehmen, werden sie sich über die Dimension des zur Diskussion stehenden Objektes nie einig werden. Sie sehen verschieden lange Strecken. Weder der Beobachter beim Standort A noch diejenigen bei den Standorten B und C sehen den Kreis (die Realität, das wahre Objekt), solange sie im zweidimensionalen Raum «gefangen» sind. Durch Beweglichkeit (innerhalb des zweidimensionalen Raumes), durch Offenheit sowie durch die Bereitschaft, die Aussagen des anderen ernst zu nehmen, könnten die drei Beobachter herausfinden, dass sie vom betrachteten Objekt nur den an ihren Standort gebundenen Teil sehen und dass es sich in Wirklichkeit um einen Kreis handelt. Verschiedene, für sich allein nicht schlüssige Teilansichten können so zu einer realistischen Gesamtsicht führen.

Was lässt sich aus diesem Beispiel ableiten? Wie im zweidimensionalen Raum könnte auch im dreidimensionalen Raum jede Sicht, unabhängig vom Standort, nur eine nicht alles aufdeckende Teilsicht sein. Dies muss dazu führen, dass wir uns in den Auseinandersetzungen mit Gesprächspartnern, welche die Welt anders sehen als wir und Probleme anders beurteilen, auf eine ganz bestimmte Art und Weise verhalten sollten.

Fragen statt behaupten
Nur eine der beiden untenstehenden Reaktionen auf die Aussage eines Gesprächspartners, die nicht in unser Weltbild passt, führt zum Erfolg:

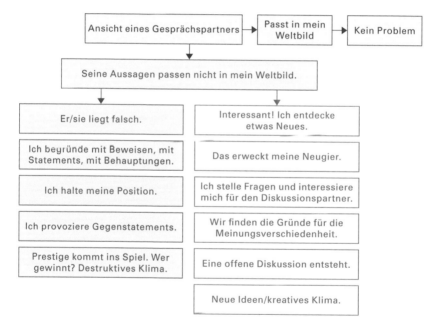

Weg 1 (links) bringt nichts:
Wenn ich überzeugt bin, dass sich mein Gesprächspartner irrt, werde ich automatisch versuchen, ihm dies zu beweisen. Ich beschäftige mich mit Rechtfertigungen der eigenen Meinung und suche nach entsprechenden Argumenten. Ich setze meine Energie primär für die

Festigung oder gar Verteidigung der eigenen subjektiven Sicht ein. Ich höre meinem Gegenüber gar nicht mehr richtig zu.

Das Resultat dieses Verhaltens: Von beiden Seiten werden in erster Linie Statements abgegeben und kaum Fragen gestellt. Es entsteht ein Ideen tötendes Klima, Prestige kommt ins Spiel, und letztlich geht es nur darum, wer Recht hat, und nicht um die Lösung eines gegebenen Problems. Nach einer solchen Debatte ist mein Wissensstand kaum grösser als vor dem Gespräch.

Weg 2 (rechts) erweitert unseren Wissensstand:

Die Tatsache, dass ein Gesprächspartner die zur Diskussion stehende Thematik anders beurteilt, weckt in mir das Interesse, meinen Wissenstand durch das Kennenlernen einer anderen subjektiven Sicht zu vergrössern. Ich bin neugierig und möchte wissen, weshalb wir uns nicht einig sind. Ich stelle deshalb Fragen und provoziere dadurch Gegenfragen. Ich verwende meine Energie, um die Gründe der Uneinigkeit herauszufinden. Es entsteht ein offenes Gespräch, in dem beide Kontrahenten gegenseitig voneinander lernen können. Es eröffnen sich neue Erkenntnisse und Ideen, es herrscht ein kreatives Klima. Mein Wissensstand hat infolge des Gesprächs zugenommen.

Der Umgang mit Andersdenkenden erschwert sich oft dadurch, dass eine wichtige Tatsache missachtet wird: **Verständnis heisst noch lange nicht Einverständnis.** Sich mit Ansichten Andersdenkender auseinanderzusetzen, heisst noch lange nicht, mit dem Gesagten einverstanden zu sein. Was man damit erreicht, ist eine Erweiterung des eigenen Blickwinkels und damit eine Vergrösserung der zur Verfügung stehenden Informationsmenge. Keine Führungskraft wird auf die Frage «Willst du beim Treffen von Entscheidungen lieber mit viel oder wenig Information entscheiden?» mit «wenig» antworten. Aber verhalten sich diese Führungskräfte auch dementsprechend? Hören sie Andersdenkenden wirklich zu? Das lässt sich relativ leicht daran erkennen, ob sie primär Fragen stellen oder primär Statements abgeben. «Beurteilen Sie einen Menschen nach seinen Fragen, nicht nach seinen Antworten.» (Voltaire, französischer Philosoph und Schriftsteller).

Was wir in der Vergangenheit mit fester Überzeugung als bewiesene Tatsachen betrachtet haben, war im Rückblick oft nur eine Halbwahrheit oder gar ein Irrtum. Es ist gefährlich, zu glauben, dass naturwissenschaftlich-technisches Wissen ein gesichertes Wissen ist. Wie oft sind in der Geschichte der Menschheit aufgrund von Überzeugungen, die als unumstösslich galten, Fehlentscheide getroffen worden? Nur ein berühmtes Beispiel: Galileo Galilei wurde verurteilt, weil er die «Unwahrheit» aussprach, als er behauptete, die Erde drehe sich um die Sonne.

Was bedeuten diese Erkenntnisse für unser Verhalten? Bescheidenheit, Toleranz für andere Ansichten und Offenheit für Neues sind wohl am ehesten geeignet, uns vor Irrtümern zu schützen. Doch nicht nur das. Ein offenes, bescheidenes, tolerantes Verhalten kann beim Führen eines Unternehmens eine bedeutende Rolle spielen. Dies sowohl in der innerbetrieblichen Zusammenarbeit als auch im Umgang mit den Stakeholdern und ganz speziell mit den Kunden.

Mit wem möchte eine Kundin, ein Kunde oder irgendein anderer Stakeholder lieber zusammenarbeiten? Wem vertraut man eher: einem offenen, bescheidenen, toleranten oder einem verschlossenen, überheblichen, intoleranten Menschen? Wem erzählt man eher, was man wirklich denkt, was man wirklich will und wo einen der Schuh drückt? Aufgrund welchen Verhaltens kommt man rasch und effizient zu einer möglichst umfassenden, ganzheitlichen Sicht einer Problemstellung? Durch was für einen Vorgesetzten fühlt man sich motiviert, für wen «geht man eher durchs Feuer»?

Die Antwort liegt auf der Hand: Der offene, bescheidene, tolerante Mensch, der sich der Subjektivität seiner Sicht bewusst ist, der deshalb echtes Verständnis für Andersdenkende und -fühlende hat, der zuhören kann, der aus echtem Interesse (und nicht nur aus Anstand) immer wieder Fragen stellt, hat diesbezüglich ganz klar die besseren Karten in der Hand. Wer sich seiner subjektiven Sicht bewusst ist, wird sich immer und automatisch «menschlich» verhalten. Man interessiert sich für die Sichtweise des Gegenübers. Man nimmt dessen Anliegen, dessen Befürchtungen und auch dessen Ängste ernst. Man gewinnt sein Vertrauen. Andersdenkende werden respektiert, ihre Meinungen werden in die eigenen Überlegungen einbezogen. Alle bekommen die Chance, ihren Beitrag zum Erfolg beizusteuern. Man wird sich der Bedeutung der zwischenmenschlichen Kommunikation bewusst. Indirekt zeigt man dadurch dem Gegenüber seine Wertschätzung und erweitert gleichzeitig den eigenen Wissensstand.

Demzufolge sollte ein Unternehmensleitbild nicht nur Fragen wie «Wer sind wir?», «Was können wir besser als andere?», «Was wollen wir in Zukunft anstreben?» beantworten, sondern auch klare Zielsetzungen bezüglich der Einstellung und des Verhaltens der Mitarbeitenden enthalten.

Die folgenden oft gehörten Schlagwörter sind absolut relevant:
- Informationsmenge optimieren
- Politik der offenen Türen betreiben
- persönliche Kontakte pflegen
- direkte Aussprachen provozieren
- Andersdenkende respektieren und ihnen vorbehaltlos zuhören
- gegenseitiges Verständnis sicherstellen
- immer ehrliches Feedback geben

Das Eisberg-Prinzip

Immer zuerst der Mensch und dann die Zahlen –
oder unter die Wasseroberfläche schauen.

Will man auf den zukünftigen Geschäftsgang Einfluss nehmen, ist es erfolgversprechender, das Verhalten und die Motivation der Mitarbeitenden unter die Lupe zu nehmen, anstatt sich auf die Erfolgsrechnung zu konzentrieren. Die Erfolgsrechnung gibt per definitionem Auskunft über das, was in der Vergangenheit geleistet wurde, über die Ernte. Was die Zukunft bringen könnte, über die Saat, sagt sie nichts aus. Leider wird allzu oft erst dann an das Verhalten und die Motivation der Menschen gedacht, wenn das Ergebnis nicht mehr stimmt.

Bei der Beurteilung eines Unternehmens entspricht das erzielte Ergebnis (Gewinn) der aus dem Wasser ragenden Spitze eines Eisbergs:

Managing the Iceberg

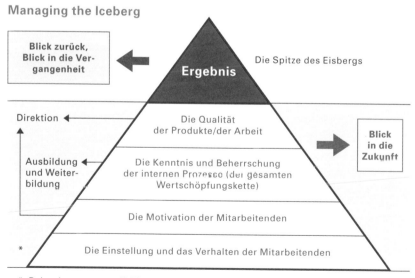

Blick zurück,
Blick in die Vergangenheit

Ergebnis

Die Spitze des Eisbergs

Direktion

Die Qualität
der Produkte/der Arbeit

Blick
in die
Zukunft

Ausbildung
und Weiterbildung

Die Kenntnis und Beherrschung
der internen Prozesse (der gesamten
Wertschöpfungskette)

Die Motivation der Mitarbeitenden

* Die Einstellung und das Verhalten der Mitarbeitenden

* Rekrutierung neuer Kräfte

23

Die sichtbare Spitze eines Eisbergs stellt nur ungefähr 10 Prozent der gesamten Eismasse dar. Die Grösse dieser Spitze hängt von der Grösse der unter der Wasseroberfläche liegenden (unsichtbaren) Masse ab. Soll die Spitze des Eisbergs (sprich das Ergebnis) in Zukunft grösser werden, genügt dessen alleinige Betrachtung nicht. Man muss unter die Wasseroberfläche schauen und dafür sorgen, dass die 90 unsichtbaren Prozente – und damit automatisch auch die sichtbare Spitze – wachsen.

Der zukünftige Erfolg eines Unternehmens hängt von den fachspezifischen und betriebswirtschaftlichen Kenntnissen der Mitarbeitenden, von der Qualität der geleisteten Arbeit (Zeitmanagement, Planungsqualität usw.), vom Verhalten der Mitarbeitenden (Auftreten, Persönlichkeit, Ausstrahlung, Charisma, Stil, Umgangsformen, «Kinderstube» usw.) sowie von ihrer Motivation ab. Die Motivation wiederum hängt stark von der Identifikation mit der Vision, der Strategie, den Zielsetzungen, den Produkten und/oder Dienstleistungen, der Arbeitsatmosphäre, der Personalführung, den Weiterbildungsangeboten, dem Qualifikations- und Beförderungsprozedere, dem Entlöhnungssystem usw. und ganz besonders auch von der Zufriedenheit der Kunden und der anderen Stakeholder ab.

Auch wenn derartige Indikatoren zum Teil schwerer zu erfassen und zu messen sind als Finanzzahlen, informieren sie zuverlässiger über das, was zu erwarten ist.

Hand aufs Herz: Interessieren wir uns in unseren Unternehmen nicht primär für die Resultate (Bilanz, Erfolgsrechnung, Umsatz, Kosten, Budgetvergleich usw.)? Worüber werden unsere Verwaltungsräte und Aktionäre, die sich in erster Linie für die Zukunftsaussichten des Unternehmens interessieren sollten, an Verwaltungsratssitzungen und Generalversammlungen informiert?

Logische Konsequenz für den Umgang mit den Mitarbeitenden: Anstatt innerhalb des Unternehmens primär diejenigen zu beglückwünschen, die das beste Resultat erzielt haben, was in den meisten Fällen getan wird, sollte man ebenso diejenigen ehren, die «unter der Wasseroberfläche wirken». Sie sind letztlich massgebend dafür, wie gross die in Zukunft aus dem Wasser ragende Eisspitze (sprich das Ergebnis) sein wird.

Das soeben Dargelegte lässt sich mit folgender Analogie veranschaulichen: **Geschäfte machen mit dem Blick auf die Bilanz und die Erfolgsrechnung ist wie Tennis spielen mit dem Blick auf die Resultattafel anstatt auf den Ball.**

Dienen kommt vor dem Verdienen

Management exists for the sake of the organisation. It is the servant of the organisation. And any management that forgets that is a mismanagement.
Peter Drucker (Managementphilosoph)

Das Bild des Inverted Triangle, des umgekehrten Dreiecks oder der umgekehrten Pyramide, veranschaulicht diese Kernaussage von Peter Drucker, einem der bedeutendsten Managementphilosophen des späten 20. Jahrhunderts:

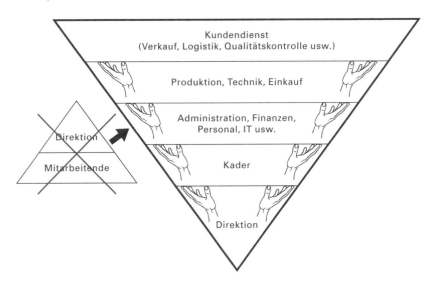

Wenn den Aussagen «Bei uns ist der Kunde das Wichtigste» oder gar «Der Kunde ist König» zugestimmt wird, ist die logische Konsequenz, dass man das Dreieck, mit dem man die Organisation eines Unternehmens wiedergibt, auf den Kopf stellt. Die Unternehmensführer stehen in der Organisation nicht mehr zuoberst, sondern zuunterst. Zuoberst sind diejenigen, die mit den Kunden in direktem Kontakt stehen. Wir müssen uns bewusst sein, dass der Kunde eine Firma aufgrund dessen beurteilt, was er unmittelbar erlebt, was er sieht und was er hört. Das betrifft in erster Linie die Personen, die im Namen der Firma das Telefon abnehmen oder auf Kundenbesuch gehen. Die Unternehmensführung sollte demzufolge bewusst alle Mitarbeitenden unterstützen, die mit der Kundschaft in direktem Kontakt stehen. Eine Unternehmensführung, die erfolgreich sein will, hat neben einer führenden Funktion (Entwicklung von Vision und Strategie, Mitarbeiterführung usw.) auch eine ganz wichtige dienende. Die Fähigkeit zu dienen ist – im Hinblick auf zufriedene Kunden – absolut prioritär. **Vor dem Verdienen kommt zweifellos das Dienen.**

Was kauft der Kunde?

*Wir verkaufen den Kunden Träume – danach Polos, Krawatten
und Hosen.* Ralph Lauren (Modedesigner)

Ein Kunde kauft kaum je um des Kaufens willen. Er kauft, um ein Ziel
zu erreichen oder ein Problem zu lösen:

- Ein Kunde kauft nicht Seife, um Seife zu besitzen, sondern um
  seine schmutzigen Hände loszuwerden.
- Eine Kundin kauft nicht ein teures Kleid bei Dior, um möglichst
  viel Geld auszugeben, sondern um das Image zu kreieren, das sie
  von sich selbst und in der Gesellschaft haben möchte.
- Ein Kunde kauft nicht ein kleines Stadtauto, einfach nur um ein
  Auto zu besitzen. Er will damit sein Problem lösen, möglichst
  rasch, ökonomisch und ökologisch von A nach B zu gelangen.

Um ein Produkt oder eine Dienstleistung an den Mann oder an die
Frau zu bringen, sollte man dem potenziellen Kunden möglichst Fragen stellen, um in Erfahrung zu bringen, wo ihn der Schuh drückt
oder was ihm zum Glücklichsein noch fehlt. Je besser man die Situation des Kunden kennt, desto besser kann man ihm ein «massge-
schneidertes» Angebot machen. Selbstverständlich ist es nützlich,
sich bereits vor dem Gespräch über den potenziellen Kunden so gut
wie möglich zu informieren.

Hier kommt wieder das Verhalten ins Spiel: Der offenen, bescheidenen, toleranten Person wird es gelingen, mit den potenziellen Kunden eine echte Partnerschaft aufzubauen. Das gegenseitige Vertrauen ist die Voraussetzung, dass die wahren Probleme und Wünsche
auf den Tisch kommen. Nur dann kann der Anbieter dem Kunden
einen Mehrwert anbieten.

Was wir in einem Akquisitionsgespräch tun sollten

- Den Kunden nach seinen Zielen fragen: Hinter jedem Ziel steckt in
  der Regel ein Defizit oder gar ein Problem. Beispiel: Wer sich mehr
  Sicherheit wünscht, fühlt sich unsicher.

- In einem Verkaufsgespräch sollten sich das Sagen und das Fragen die Waage halten. Zu viele Fragen entziehen dem Gesprächspartner Energie, Aussagen verschaffen ihm Atempausen.
- Man sollte immer die Perspektive des Kunden einnehmen und nicht die eigene. Ihn interessiert nicht, was der Anbieter alles kann, sondern wie er von ihm Hilfe erhalten könnte. Gute Verkäufer verkaufen nicht, sie lassen kaufen.
- Verkaufen ist nicht nur ein logischer, sondern primär ein psychologischer Prozess: «Es ist nicht genug, eine Sache zu beweisen. Man muss die Menschen zu ihr auch noch verführen.» (Friedrich Nietzsche)
- «Der wesentliche Unterschied zwischen Emotion und Vernunft besteht darin, dass Emotionen zum Handeln bewegen, während Vernunft zu Schlussfolgerungen führt.» (Donald Calme, Neurowissenschafter)
- Man muss das Gefühl für den richtigen Moment haben. Nägel mit Köpfen lassen sich nur machen, wenn sich die Beziehung zum potenziellen Kunden in einer Hochphase befindet.
- Man sollte sich bewusst sein, dass eine Empfehlung immer noch der beste Einstieg in ein Akquisitionsgespräch ist.

Was wir in einem Akquisitionsgespräch *nicht* tun sollten
- Als Türöffner ist belangloser Small Talk nicht geeignet.
- Das eigene Produkt oder die eigene Dienstleistung anbieten und loben führt kaum zum Erfolg.
- Obwohl es verlockend ist, sollte man nicht direkt nach den Problemen des potenziellen Kunden fragen. Wer spricht schon gerne über seine Probleme?
- Man sollte keine perfekten Lösungen präsentieren. Der potenzielle Kunde muss in die Entwicklung der bestmöglichen Lösung eingebunden werden.
- Was man definitiv nicht tun sollte ist: langweilen, überfordern, ausfragen, überrumpeln, ausweichen usw.

Echte Partnerschaften als Erfolgsfaktor

Ich habe kein Marketing gemacht. Ich habe immer nur meine Kunden geliebt. Zino Davidoff (Zigarrenproduzent)

Erfolg und Misserfolg im Unternehmen hängen weniger vom Angebot (Produkt/Dienstleistung) als vielmehr vom Verhalten der Führungskräfte ab.

Beschaffenheit und Qualität der Produkte und Dienstleistungen sowie Fach- und Managementkenntnisse müssen stimmen, damit das Unternehmen überhaupt am Wettbewerb teilnehmen kann. Sie sind, analog zum Sport, nicht viel mehr als die Lizenz, um mitspielen zu dürfen.

Die Differenzierung zwischen erfolgreich und weniger erfolgreich in Verkauf und Marketing liegt in der Art und Weise, wie Führungskräfte und Mitarbeitende mit den Kunden umgehen.

Im Wettbewerb hat sich seit den 1980er-Jahren Grundlegendes verändert. Was in Zukunft in allererster Linie zählen wird, ist die Qualität der Partnerschaft zwischen dem Anbieter und dem Kunden.

	vor 1980	frühe 1990er-Jahre	heute	morgen
Gewinnen	Produkt-qualität	Zeit	Kunden-zufriedenheit	**Partnerschaft mit Kunden**
Mitspielen	Kosten	Produkt-qualität	Zeit	**Kunden-zufriedenheit**
Voraussetzung	richtiges Produkt	Kosten richtiges Produkt	Produkt-qualität Kosten richtiges Produkt	**Zeit Produktqualität Kosten richtiges Produkt**

Kreative Altruisten sind erfolgreicher als Hardliner

Ergänzendes Aufeinanderzugehen bringt mehr als ein Führen nach dem Motto «Ordnung regiert die Welt».

Gegen Ende des 20. Jahrhunderts hat eine breit abgestützte Untersuchung in Deutschland ein Resultat ergeben, das wohl immer noch seine Gültigkeit hat (Quelle nicht mehr eruirbar). Es ist in mancher Hinsicht äusserst interessant und lehrreich.

Am Anfang standen folgende Fragen
- Warum steckt die Wirtschaft in Deutschland in einer Krise?
- Warum fällt es Deutschland so schwer, die japanisch-asiatische Herausforderung zu bewältigen?
- Warum kommt Deutschland in einer Epoche stark akzentuierten Wandels mit seinen Erneuerungen in der Regel zu spät?
- Machen die heutigen Wirtschaftsführer Deutschlands etwas falsch? Wenn ja, was?
- Gibt es beweisbare Erfolgsfaktoren bezüglich des Führens eines Unternehmens?
- Was machen erfolgreiche Unternehmen im Gegensatz zu weniger erfolgreichen?

Wer wurde befragt?
- 116 Geschäftseinheiten (48 kleinere Firmen, 44 grosse Firmen, 24 internationale Firmen, Hersteller von kurz- und langlebigen Konsumgütern, Automobil- und andere Industriezulieferer, Hersteller von Investitionsgütern in den Bereichen Elektronik, Maschinenbau, Regeltechnik und Anlagenbau)
- 437 Managerinnen und Manager (211 unter 48 Jahre alt, 226 über 48 Jahre alt)
- 173 Vorstände oder Geschäftsführer (davon 71 Vorsitzende)
- 148 Mitarbeitende der zweiten Führungsebene

- 116 Mitarbeitende der dritten Führungsebene
- Unter anderem haben folgende Firmen mitgemacht: Aga AB, Alcan Aluminium Ltd., Bayer AG, BP-British Petroleum, Dow Chemical, Du Pont SA, Hewlett Packard SA, IBM Europe SA, Nestlé OY, Shell International, Unilever PLC, Volkswagen AG

Die untersuchten Messgrössen
- Kapitalrendite (operationeller Gewinn in Prozent des Kapitals)
- Umsatzgewinn (operationeller Gewinn in Prozent des Umsatzes)
- Liquidität (Anzahl Jahre, um Effektivverschuldung durch Cash-flow zu tilgen)
- Innovationszeitraum (Anzahl Monate bis Break-even)
- Innovationsanteil (Neulancierungen in Prozent des Umsatzes)
- Innovationsgewinn (Gewinn durch Innovationen im Jahr 5 nach der Lancierung in Prozent des Umsatzes)
- Floprate (Misserfolg in Prozent der Neulancierungen)

Was wurde gegenübergestellt?

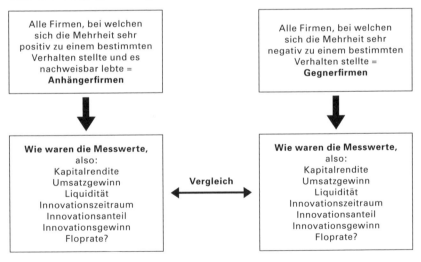

Definition Anhängerfirmen
- Mindestens 70 Prozent der Mitarbeitenden sagen: «Dieser Faktor trifft stark oder sehr stark auf das eigene Unternehmen zu.»

- Der Faktor muss zu den neun wichtigsten Faktoren gehören (separate Rangordnung von 40 Erfolgsfaktoren nach Prioritäten, die durch die Mitarbeitenden der betreffenden Firma definiert wurden).

Definition Gegnerfirmen

- Mindestens 70 Prozent der Mitarbeitenden sagen: «Dieser Faktor trifft nur sehr gering oder gar nicht auf das eigene Unternehmen zu.»
- Der Faktor darf nicht zu den neun wichtigsten Faktoren gehören.

Wie wurden Verhalten (sprich Faktoren) und messbarer Erfolg in Zusammenhang gebracht?

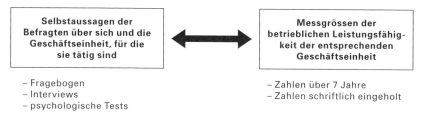

Selbstaussagen der Befragten über sich und die Geschäftseinheit, für die sie tätig sind		Messgrössen der betrieblichen Leistungsfähigkeit der entsprechenden Geschäftseinheit

– Fragebogen
– Interviews
– psychologische Tests

– Zahlen über 7 Jahre
– Zahlen schriftlich eingeholt

Resultat der Studie

Die fünf wichtigsten Faktoren für eine erfolgreiche Bewältigung der Zukunft:

Ergänzendes Aufeinanderzugehen	347%
Vertrauensorganisation mit wenig Kontrolle	286%
Einmaligkeit	236%
Visionäre Orientierung	222%
Feindbild	209%

33

Die drei schwächsten und die drei negativsten Faktoren:

Schwache Faktoren	
– Solides Finanzgebahren	17%
– Ertragspartizipation	11%
– Wir glauben an koordinierte Querschnittsverantwortung	7%

Negative Faktoren	
– Unverbindliche Toleranz	– 11%
– Bei uns herrscht ein gesundes Misstrauen	–34%
– Ordnung regiert die Welt	–67%

Die Prozentzahlen zeigen auf, um wie viel Prozent die Anhängerfirmen (die dem entsprechenden Faktor grosse Bedeutung beimessen) bezüglich der betrieblichen Messgrössen besser abschneiden als die Gegnerfirmen.

Eine altruistische (selbstlose) Haltung führt also im Vergleich zu einem Hardliner-Management zu besseren Resultaten.

Die Welt der Altruisten
- Nur wer Freiräume und Selbstverwirklichung bietet, kann gewinnen.
- Vertrauen ist besser als Kontrolle.
- Mitarbeitende werden bei uns wie Kunden behandelt; die Vorgesetzten sind deren oberste Diener.
- Wir versuchen, partizipativ zu entscheiden und mit Konsens zu handeln.
- Man muss im Wissen der eigenen Unvollkommenheit aufeinander zugehen, um sich zu ergänzen.
- Wir streben nach Einmaligkeit und wollen eine klar definierte Vision verwirklichen; Kreativität ist für uns der Schlüssel zum Erfolg.

Die Welt der Hardliner
- Ohne Einordnung und Unterordnung der oder des Einzelnen unter das grosse Ganze kann man nicht erfolgreich sein.
- Wir pflegen ein gesundes Misstrauen.

- Nur strenge Kontrolle kann das kaufmännische Risiko auf ein erträgliches Mass reduzieren.
- Bei uns wird nicht lange gequatscht, sondern zügig gehandelt und am gleichen Strick gezogen.
- Wir wollen nett zueinander sein, ohne uns zu nahe zu kommen.
- Ordnung regiert die Welt; jede und jeder muss genau wissen, wo's langgeht.
- Eigenmächtigkeit und Schlamperei sind bei uns verpönt.

Eine altruistische Einstellung führt in der Regel zu einem effizienteren Führungsstil.

Nur wenn im Falle von Gefahren und/oder ungewöhnlichen Herausforderungen der kurze Dienstweg zum Muss, die autoritäre Entscheidung zur absoluten Notwendigkeit werden, ist Altruismus fehl am Platz. Denn dann sind seine Nachteile (Umständlichkeit, grosser Zeitbedarf, lange Diskussionen) evident. Was letztlich zählt, ist das Resultat. Trotz dieser Einschränkung bleibt es prinzipiell dabei: Die Philosophie der Hardliner hat in der heutigen Zeit – ausser in Krisensituationen – ausgespielt, denn ihre Nachteile sind offensichtlich. Diese Thematik wird im Kapitel «Die situative Führung», S. 57, vertiefter diskutiert.

Die richtigen Fragen stellen

Unzufriedenheit ist der Motor der Veränderung.

Eine erfolgreiche Unternehmensleitung stellt sicher, dass ihre angebotenen Produkte und/oder Dienstleistungen jederzeit die Bedürfnisse des Marktes befriedigen.

Man ist allgemein der Ansicht, dass der Kunde kauft, was ihn emotional anspricht und seine Bedürfnisse befriedigt. Was geschieht, wenn dem Kunden verschiedene Produkte angeboten werden, die sowohl emotional ansprechen, als auch seine Bedürfnisse befriedigen? In diesem Fall genügen für das Auslösen des Kaufentscheids Emotion und Bedürfnisbefriedigung nicht.

Professor Claes Fornell von der Northwestern University (USA) hat bereits vor Jahren festgestellt, dass sich der Kunde in einer derartigen Situation für das Angebot entscheidet, das ihm zusätzlich eine Problemlösung verspricht. Eine echte Differenzierungsmöglichkeit, speziell in gesättigten Märkten, verbirgt sich nicht nur hinter den Kundenbedürfnissen, sondern ganz entscheidend auch hinter den Kundenproblemen. Es kann deshalb von ausschlaggebender Bedeutung sein, den Kunden die richtigen Fragen zu stellen.

Will man erfolgreich verkaufen und die eigenen Produkte und Dienstleistungen entsprechend entwickeln, sollte man sich nicht ausschliesslich auf die Bedürfnisse der Kunden fokussieren, sondern sich gezielt auch für ihre Probleme interessieren.

Beispiel eines schwedischen Herstellers von Farben für den Anstrich von Holzhäusern

Farbige Holzhäuser sind in Schweden weitverbreitet. Eine Firma stand vor folgenden Problemen:

- Umsatzverluste über mehrere Jahre
- signifikanter Marktanteilsverlust
- fehlende Ideen für die Entwicklung neuer Produkte

In einer ersten Umfrage befragte die Firma eine grosse Zahl von Besitzern farbiger Holzhäuser nach ihren Bedürfnissen bezüglich der zu verwendenden Farbanstriche. Das Resultat dieser Umfrage lautete in absteigender Bedeutung:

1. lange Lebensdauer
2. grosse Widerstandfähigkeit gegenüber Wettereinflüssen
3. gute Haftung der Farbe
4. ein guter Verschluss der Behälter, in denen die Farbe verkauft wird
5. die Farbe soll eine resistente Oberfläche bilden
6. hoher Schutz des darunterliegenden Holzes
7. leichtes Auftragen der Farbe
8. guter Feuchteschutz (gute Imprägnierung)

Ein Vergleich der eigenen Produkte mit denjenigen der Konkurrenz zeigte, dass bezüglich dieser Kriterien keinerlei Unterschied bestand. Die Produkte der schwedischen Firma waren mindestens ebenso gut wie diejenigen der Konkurrenz.

Angeregt durch die OPUS-Idee, entschied sich die schwedische Firma, in einer zweiten Umfrage nicht nach den Bedürfnissen der Kunden, sondern nach deren Problemen mit dem Farbanstrich ihrer Holzhäuser zu fragen.

Das Resultat dieser zweiten Umfrage, wieder nach absteigender Wichtigkeit, war:

1. Das Vorbereiten der zu bestreichenden Oberfläche ist mühsam.
2. Die Vorbereitungen für das Auftragen der neuen Farbe sind zeitlich aufwändig.
3. Es ist nicht einfach, die alte Farbe zu entfernen.
4. Das Drum und Dran beim Neufärben ist enervierend.
5. Es gibt keine einfachen Hilfsmittel, um die alte Farbe zu entfernen.
6. Es fehlen geeignete Werkzeuge, um die Arbeit auszuführen.
7. Die Farbmuster in den Läden sind zu klein, um sich das Resultat am Haus vorstellen zu können.
8. Es ist schwierig, während der Arbeit die Hände sauber zu behalten.

Aufgrund des Resultats dieser zweiten Umfrage traf die schwedische Firma folgende Massnahmen:

- Sie entwickelte eine Farbe, die allen bekannten Bedürfnissen entsprach und direkt auf die alte Farbe aufgetragen werden konnte.
- Sie entwickelte ein umweltverträgliches und hautschonendes Produkt, das eine einfache Vorbereitung der Oberfläche gestattete.
- Sie entwickelte neue und in der Handhabung einfachere Werkzeuge, sowohl für die Vorbereitung der Oberfläche als auch für das Auftragen der neuen Farbe.
- Sie stellte an den wichtigsten Verkaufsstellen Hauswände im Massstab 1:1 mit den verschiedenen Farben auf.
- Sie gab bei jedem Kauf von Farben qualitativ gute Schutzhandschuhe gratis ab.

Der Turnaround gelang. Die Firma wurde innert zweier Jahre zur unumstrittenen Nummer eins in ihrem Sektor in Schweden und behielt diese Stellung über längere Zeit.

Delfin statt Hai oder Karpfen

Damit das Mögliche entsteht, muss immer wieder
das Unmögliche versucht werden.
Hermann Hesse

Leider kommt es oft vor, dass beim Delegieren von Aufgaben auf untere Stufen der Rahmen, der die Handlungsfreiheit definiert, enger gehalten wird. Das Sicherheitsdenken und die Angst, gegebene Regeln könnten verletzt werden, erklärt dieses Verhalten. Die Folge davon ist, dass die unteren Stufen der Unternehmenshierarchie oft kaum mehr Handlungsspielraum haben. Eine gute Unternehmensführung sollte den Untergebenen einen möglichst grossen Spielraum lassen, um sie dadurch zu motivieren, ihr Potenzial möglichst vollständig auszuschöpfen. Das Risiko lohnt sich.

Die von Dudley Lynch und Paul Kordis entwickelte Delfin-Strategie will dies am Verhalten verschiedener Meerestiere aufzeigen, denen bestimmte Eigenschaften zugeschrieben werden.

Ihre Schlussfolgerung: Denke und handle wie ein Delfin, wenn du erfolgreich sein willst!

Die Delfin-Strategie setzt auf emotionale Intelligenz, Flexibilität und Kooperation. Die Delfine unterscheiden sich diesbezüglich sowohl von den Haien als auch von den Karpfen.

Delfine

Delfine sind win-win-orientiert, kraftvoll und nachgiebig, spielerisch und konsequent; sie konzentrieren sich auf das, was funktioniert, sind urteilsfähig und entscheidungsfreudig, lernfähig und akzeptierend.

Führungskräfte mit einer Delfin-Einstellung spielen mit den durch den Rahmen gegebenen Grenzen (siehe schwarze Punkte des Rechtecks in untenstehender Abbildung) und schöpfen sämtliche Möglichkeiten aus, ohne die Rahmenbedingungen zu verletzen. Sie fördern und stärken die ihnen direkt Unterstellten und motivieren sie zu einer **Out-of-the-Box**-Denkweise. Sie gewähren ihnen viel Handlungs- und

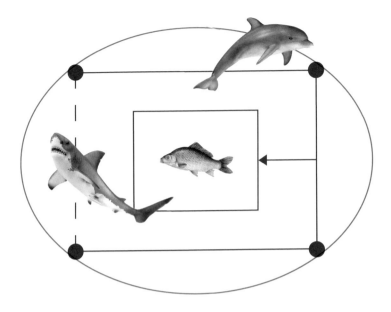

Entscheidungsspielraum und befähigen sie zu selbstständigem Denken. Es herrscht ein von gegenseitigem Vertrauen, Respekt und Wertschätzung geprägtes Arbeitsklima.

Haie
Für Haie ist Mangel ein Dauerthema. Daraus resultiert die Notwendigkeit, zu kämpfen und zu gewinnen, um immer genug zu haben. Führungskräfte mit einem Hai-Verhalten haben grosse Angst vor dem Scheitern. Sie sind gestresst und suchen bei Niederlagen nach Schuldigen. Auf den Alltag bezogen, heisst dies, dass diese Führungskräfte einen ausgeprägt autoritären Führungsstil pflegen. Dadurch entsteht ein von Angst und Misstrauen geprägtes Arbeitsklima. Kontrolle wird grossgeschrieben. Den direkt Unterstellten wird wenig Handlungsspielraum und Entscheidungskompetenz zugesprochen. Diese zu enge Eingrenzung kann dazu führen, dass vorgegebene Regeln und Grenzen aus Angst vor dem Scheitern verletzt werden.

Karpfen
Der Karpfen hingegen ist überzeugt, dass nicht jeder gewinnen kann. Er kann sich sogar als machtlos und Nichtgewinner empfinden.

Karpfen sind nicht sehr einfallsreich, passen sich lieber an und wissen sich kaum zu wehren. Führungskräfte mit Karpfen-Eigenschaften sind oft mutlos, wenn es um das Treffen wichtiger Entscheidungen geht. Sie bewegen sich in der Regel in engen, zum Teil selbst auferlegten Regeln (siehe kleines Rechteck in der Abbildung). Talente, Potenzial und Fähigkeiten sowohl der Führungskräfte als auch der Unterstellten können nicht oder nur teilweise ausgeschöpft werden.

Das Modell veranschaulicht, mit welcher Einstellung (und infolgedessen mit welcher Strategie und Handlungsweise) eine Führungskraft ihren Unterstellten, Kollegen und Vorgesetzten begegnet und welche Aktionen und Reaktionen von ihr zu erwarten sind.

Es ist offensichtlich, dass die Delfin-Strategie im Vergleich zur Hai- und Karpfen-Strategie vielversprechender ist. Ihre wichtigsten Prinzipen:

– **Flexibilität**: Lösungen suchen und sich dabei ständig hinterfragen. Wenn Delfine nicht erhalten, was sie wollen, verändern sie sehr schnell ihre Vorgehensweise.

– **Zähigkeit**: Delfine geben nicht leicht auf. Es sei denn, sie erkennen einen Nutzen darin.

– **Gewinnen**: Delfine haben Freude am Gewinnen. Ihr Gehirn ist zu emotionalen Empfindungen fähig. Führungskräfte, die wie Delfine handeln, haben nicht das Bedürfnis, dass ein anderer verliert, sie streben eine Win-win-Situation an.

– **Kooperation**: Delfine sind gute Teamplayer. Dies im Wissen, dass Kooperation mehr bringt als Konkurrenz oder die Suche nach eigenen Vorteilen.

– **Eleganz**: Delfine lieben einfache, elegante Lösungen. Elegante Verhandlungsführung heisst für delfinische Führungskräfte, dass eine Lösung für alle Parteien langfristig Sinn macht und zur Zufriedenheit aller Beteiligten führt.

Ganzheitliche Problemlösungen – unser Gehirn besteht aus zwei Hemisphären

*Ich ging im Walde so für mich hin
und nichts zu suchen, das war mein Sinn.*
Johann Wolfgang von Goethe

Um Probleme erfolgreich zu lösen, sollte das gesamte uns zur Verfügung stehende Potenzial ausgenützt werden. Es geht darum, unser Gehirn vollständig zu mobilisieren. Um das zu verstehen, müssen wir uns über die Funktionsweise unseres Gehirns bewusst sein.

Das menschliche Gehirn ist in zwei Hemisphären unterteilt, die durch den sogenannten Balken miteinander verbunden sind. Die linke Gehirnhälfte ist mit der rechten und die rechte mit der linken Körperseite verbunden.

Die Charakteristiken der beiden Hälften lassen sich wie folgt umschreiben:

– **Linke Gehirnhälfte**: rationales Denken, Kalkül, Analyse, Logik, Wissenschaft, Aufmerksamkeit von Moment zu Moment, extrovertiert, männlich, «yang».
– **Rechte Gehirnhälfte**: Intuition, Gefühl, Liebe, Religiosität, Meditation, musisch-poetischer Bereich, introvertiert, weiblich, «yin».

Nicht in allen Kulturen wird den Charakteristiken der beiden Gehirnhälften die gleiche Gewichtung und Bedeutung beigemessen. In den letzten Jahren sind die Unterschiede kleiner geworden, aber bei einem grossen Teil der Allgemeinheit bestehen sie nach wie vor.

Der **industrialisierte Westen** repräsentiert mit seinem Hang zu Wissenschaft, Technologie und materiellem Fortschritt ein von der linken Gehirnhälfte dominiertes Verhalten. Ihm fehlen oft innere Ruhe, Frieden und Zukunftsperspektiven.

Der **asiatische Osten** repräsentiert mit der Ruhe, der Bedeutung der Meditation und der Fokussierung auf innere Werte schwergewichtig ein von der rechten Hirnhälfte dominiertes Verhalten. Trotz des immer akzentuierter werdenden Konkurrenzkampfes mit dem Westen scheinen im asiatischen Osten Tradition, Gelassenheit, Respekt usw. immer noch eine wichtige Rolle zu spielen.

Eine Synthese von Ost und West, das heisst ein gleichzeitiges Verwenden der linken und rechten Gehirnhälfte, kann zur vollen Entfaltung des im Menschen vorhandenen Potenzials führen.

Mit dem Einsatz der linken Gehirnhälfte, das heisst durch Denken, Analysieren, Kennenlernen und Erproben, entsteht **Know-how**.

Mit dem Einsatz der rechten Gehirnhälfte, das heisst mit Intuition, Sensibilisierung, Gespür, entsteht etwas, das sich als «**Feel-how**» bezeichnen lässt.

Ein Know-how-Prozess ist analytisch-rational. Ein Feel-how-Prozess ist ein Integrationsvorgang, bei dem die innere Stimme zum Tragen kommt.

Integrationsprozesse können viel besser kreatives Potenzial erschliessen, das Bewusstsein erweitern und dadurch Intelligenzressourcen und letztlich Energie freisetzen. Feel-how-Prozesse eröffnen neue Perspektiven, führen zu neuen Betrachtungsweisen und damit zu kreativen Problemlösungen.

In eingefahrenen oder kritischen Situationen ist das Know-how oft nur beschränkt hilfreich. Durch das, was wir er- und durchleben, bilden sich in uns Erfahrungsstrukturen. Eindrücke werden aufgrund gemachter Erfahrungen interpretiert. Es lässt sich nicht verhindern, dass wir gewisse Bahnen nicht verlassen können. Das Ziel von Feel-how-Prozessen ist, solche begrenzende Strukturen zu durchbrechen und einen Perspektivenwechsel vorzunehmen.

Im Traum erscheint uns das Geträumte als real. Nach dem Aufwachen fassen wir uns an den Kopf und denken: «Was für ein verrückter Traum. Das darf doch nicht wahr sein.»

Genauso ist es möglich, aus dem normalen Wachzustand aufzuwachen, sich an den Kopf zu fassen und zu staunen. Das nennt sich Perspektivenwechsel. Man sieht sich selbst und die Situation, in der man sich befindet, in einem anderen Licht. Ein erster Schritt in Richtung dieser Horizonterweiterung kann bereits die Akzeptanz sein, dass ein derartiger Perspektivenwechsel überhaupt möglich ist.

Der Feel-how-Zustand kann grundsätzlich so umschrieben werden: «Gib deiner Intuition, deinem Gefühl die notwendige Beachtung.» Dabei sollten wir uns bewusst sein, dass sich Intuition nicht auf Musiker, Dichter, Maler oder gar auf Genies beschränkt. Intuition ist ein Teil unserer natürlichen, menschlichen Ressourcen. Wir alle besitzen Instinkt und Intuition. Leider verlieren wir diese Eigenschaften, wenn wir nicht üben und sie nicht immer wieder trainieren. Deshalb auch der Spruch «Übung macht den Meister». Wenn es gelingt, die linke Hälfte des Gehirns zu einer Pause zu bewegen – und damit den rationalen inneren Dialog zum Stillstand zu bringen –, kommt die Intuition zum Tragen. Ein Zustand von Stille und Absichtslosigkeit in sich selbst ist die beste Voraussetzung zum Erschliessen der Intuition.

Viele grosse Entdeckungen sind der Menschheit auf ähnliche Weise «zugeflogen». So entdeckte zum Beispiel Albert Einstein, gemäss seiner eigenen Aussage, die Relativitätstheorie ganz plötzlich in der Badewanne. Die Erkenntnis widerfuhr ihm. Sie lief ihm zuwider, sie widersprach allen seinen bisherigen Annahmen. Aber da war sie und stimmte, die Eingebung.

Wer Neues entdeckt oder neue Wege geht, ist meist von der Intuition geleitet. Nicht selten ist dabei mit Widerstand zu rechnen. Neues und Ungewohntes stösst oft auf Skepsis oder gar Ablehnung. Doch gerade in bewegten Zeiten ist die Suche nach neuen Lösungen überlebensnotwendig.

Jeder Mensch kennt intuitive Momente. In der Regel geschehen diese ganz natürlich, wie von selbst, aber nicht dann, wenn man sie dringend braucht. Meditation ist wohl eines der geeignetsten Hilfsmittel, um in gewollten Momenten auf die Intuition zurückgreifen zu können. Meditation soll hier als ein Prozess, der Ruhe und Entspannung mit Klarheit und Aufmerksamkeit verbindet, verstanden werden, nicht als Ausstieg, sondern als Erwachen und Bewusstseinsschärfen. Meditation ist keine Übung, obschon sie geübt werden muss. Sie ist eine Lebensqualität. Meditationsprozesse können Menschen helfen, sich aus ihren inneren Abhängigkeiten zu befreien und damit fantasievoller und kreativer zu werden.

Im Management heisst meditatives Bewusstsein (oder eben Feel-how) Folgendes:
- Entscheidungen aus seiner eigenen Mitte heraus fällen
- mit einem inneren Abstand leben und arbeiten
- mit entspannter Aufmerksamkeit handeln und kommunizieren

Ein Unternehmen ist nie besser als die Menschen, die es tragen. Sein langfristiger Erfolg hängt zunehmend nicht nur vom Know-how der Führungskräfte und der Belegschaft, sondern auch von deren Feel-how ab. In erfolgreichen Unternehmen kann man fühlen, was Feel-how bedeutet: ein angenehmes, konstruktives Klima, ein Zustand, in dem alle ihre volle Kraft und Fantasie für das Erreichen der Ziele des Unternehmens einsetzen und Spass an ihrer Arbeit haben. Freude an der Arbeit, persönliches Engagement und Flexibilität sind heute mehr denn je die Grundlage für die Leistungsfähigkeit eines Unternehmens.

Die Wichtigkeit der Sinngebung

Wenn du ein Schiff bauen willst, dann trommle nicht
Männer zusammen, um Holz zu beschaffen, Aufgaben zu
vergeben, die Arbeit einzuteilen, sondern lehre sie die
Sehnsucht nach dem weiten, endlosen Meer.
Antoine de Saint-Exupéry

Grundsätzlich lässt sich alles verändern. Die Frage ist nur mit wie viel Energie und gegen wie viel Widerstand.

Betrachten wir einen von Menschenhand geschaffenen Gegenstand: einen Stuhl, ein Bett, ein Auto oder ein Messer. Jeder materielle Gegenstand ist aus einer Idee entstanden. Diese hat Energie ausgelöst, die wiederum hat etwas in Bewegung gesetzt, das letztlich dazu geführt hat, etwas Materielles, Konkretes entstehen zu lassen.

Eine Problemlösung auf der materiellen Ebene erfordert erfahrungsgemäss viel Energie. Es muss etwas Bestehendes verändert oder gar abgeschafft werden. Gegenstand der angestrebten Veränderung sind zum Beispiel Gewohnheiten und eingespielte Abläufe.

Im Gegensatz dazu sucht man beim Lösen von Problemen auf der Sinnebene nach etwas Neuem, das anfänglich nur als Idee besteht. Es lässt sich ohne viel Aufwand gestalten. Man benötigt geistige Flexibilität, visionäres Denken, Einbezug der Intuition, Denken in Analogien usw. Dies führt viel rascher zur Lösung des Problems. Es ist deshalb erstrebenswert, sich den erwünschten Soll-Zustand vorzustellen, anstatt sich mit dem Abändern des Ist-Zustandes zu befassen. Die Frage muss lauten: Wie soll es in Zukunft sein?, und nicht: Was müssen wir am heutigen Zustand ändern? Der Fokus, und damit die Ausrichtung der Energie, liegen so auf dem Angestrebten und nicht auf dem Bestehenden.

Dabei ist es wichtig, dass man sich über allfällige Kritik, man sei zu optimistisch oder idealistisch, hinwegsetzt.

Wir sollten nicht vergessen, dass die Gedanken von heute zur Realität von morgen werden.

Die Bedeutung des eigenen Menschenbildes

*Eines der fundamentalsten menschlichen Bedürfnisse
ist das Bedürfnis, wichtig zu sein, sich nützlich zu fühlen,
Teil eines erfolgreichen Unternehmens zu sein.*
Warren G. Bennis (Autor mehrerer Bücher über Leadership)

Das Bild, das sich eine Führungskraft von ihren Mitarbeitenden macht, kann einen grossen Einfluss auf deren Verhalten haben. Geht die Führungskraft von einem negativen Menschenbild aus, zum Beispiel der Mensch sei von Natur aus faul und drücke sich vor Verantwortung, spüren dies die betroffenen Mitarbeitenden und fühlen sich entsprechend verunsichert. Dies kann zu einem Verhalten führen, das nicht dem Normalzustand entspricht. Ein verunsichertes Verhalten bestärkt wiederum die Führungskraft in ihrer Einschätzung.

Als Folge verbreiten sich Skepsis und Unsicherheit innerhalb des Unternehmens, strenge Vorschriften bezüglich der durchzuführenden Arbeiten werden erlassen und entsprechende Kontrollen durchgeführt. Dies kann passives Arbeitsverhalten, Ablehnung von Verantwortung, mangelnde Initiative und nicht zuletzt eine Verminderung der Leistungsfähigkeit nach sich ziehen. Das negative Menschenbild der Führungskraft scheint sich somit zu bestätigen: Sie steckt mitten

Der Abwärtsspirale eines negativen Menschenbildes

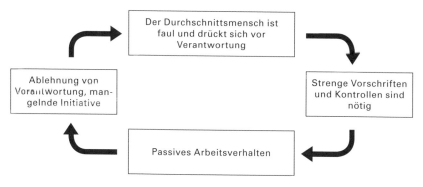

47

in einem Teufelskreis, ohne zu realisieren, dass sie mit ihrem ursprünglich negativen Menschenbild der Auslöser ist.

Ganz anders stellt sich die Situation dar, wenn die Führungskraft von einem positiven Menschenbild ausgeht.

Der Glaube an die grundsätzlichen Fähigkeiten des Menschen, an seine Bereitschaft, Verantwortung zu übernehmen und Leistung zu erbringen, führt dazu, dass die Mitarbeitenden mitdenken und mitgestalten. Es fördert ihr Engagement und ihre Identifikation mit dem Unternehmen. Sie sind motiviert, gemeinsam die anvisierten Ziele zu erreichen. Dies wiederum bestätigt das positive Menschenbild und schafft die Atmosphäre innerhalb des Unternehmens, die notwendig ist, um nachhaltig erfolgreich zu sein.

Die stimulierende Wirkung des positiven Menschenbildes, insbesondere in den Köpfen der Führungskräfte, ist offensichtlich.

Wer gut beobachtet, die Eigenheiten der einzelnen Menschen akzeptiert und toleriert, entsprechend mit ihnen kommuniziert, ihnen dank eines grundsätzlich positiven Menschenbildes immer wieder die Möglichkeit gibt, sich einzubringen, hat viel grössere Chancen, die angestrebten Ziele zu erreichen.

Die Aufwärtsspirale eines positiven Menschenbildes

Das Verhalten in der Gruppe

Because we don't all see things in the same way,
we do not all respond in the same way.
Zitat aus der Einführungsbroschüre von
Insights Discovery ®

Der Erfolg beim Führen eines Unternehmens hängt sehr stark davon ab,

- wie die Führungskraft mit den einzelnen Personen umgeht, mit denen sie zusammenarbeiten muss;
- wie sie auf deren spezifisches Verhalten und deren Vorgehen, insbesondere bei gemeinsamen Sitzungen, eingeht;
- was für ein grundsätzliches Menschenbild die oder der Vorsitzende hat;
- welche Präferenzen die Teammitglieder aufweisen.

Die Methode von **Insights Discovery** hilft, herauszufinden, was für Präferenzen jede Einzelne und jeder Einzelne hat und wie wir uns in bestimmten Situationen verhalten. Die Methode beruht auf der C. G. Jung'schen Psychologie. Ein einfaches 4-Farben-Modell liegt ihr zugrunde.

Insights Discovery ist ein ideales Hilfsmittel, wenn es darum geht, die eigene Persönlichkeit besser zu verstehen, die zwischenmenschliche Kommunikation zu verbessern und ein besseres persönliches und berufliches Verhältnis zu Vorgesetzten, Kolleginnen und Kollegen sowie Mitarbeitenden aufzubauen.

Aufgrund der Beantwortung eines Fragebogens lässt sich für jede Person ein Präferenzenprofil erstellen. Dieses gibt Auskunft über Stärken und Schwächen, über das kommunikative Verhalten und über die in ein Team einzubringenden Werte. Zudem beinhaltet es Anregungen für die persönliche Weiterentwicklung.

Insights Discovery beginnt damit, aufzuzeigen, wer man selbst ist und wie man mit anderen interagiert. Die Methode kann als Grundlage für ein 1:1-Coaching zur Verbesserung der eigenen Leadership-Qualität und zur Teamentwicklung dienen.

Die folgenden tabellarischen Übersichten geben einen Hinweis auf die den einzelnen Farben zugeordneten Verhaltensweisen und Stärken sowie Schwächen.

Die 4 Farbenergien

	Eisblau	Erdgrün	Sonnengelb	Feuerrot
	Aufgabenbezogen Unvoreingenommen Korrekt	Beziehungsbezogen Ungezwungen Aufmerksam	Erlebnisbezogen Spontan Entgegenkommend	Ergebnisbezogen Distanziert Wetteifernd Zielbewusst
An einem guten Tag ...	– Vorsichtig – Genau – Besonnen – Korrekt – Analytisch	– Sozial – Achtsam – Aufmunternd – Mitfühlend – Gelassen – Beständig	– Auffallend – Umgänglich – Schwungvoll – Geradeheraus – Gelassen – Unterhaltsam	– Wetteifernd – Fordernd – Entschieden – Zielbewusst – Vorantreibend – Dominant
An einem schlechten Tag ...	– Gelangweilt – Misstrauisch – Kühl – Unentschlossen – Reserviert	– Resignierend – Zurückgezogen – Leichtfertig – Hartnäckig – Stur	– Erregbar – Hektisch – Taktlos – Ausschweifend – Unüberlegt	– Aggressiv – Beherrschend – Antreibend – Arrogant – Intolerant
Einstellung zum Leben	Korrekt mit hohem Standard	Fokus auf Stabilität, auf Werte und darauf, andere zu unterstützen	Spass und Interaktion	Innere Sicherheit, Fokus auf Aktivität
Ziele	Verständnis	Harmonie	Anerkennung	Persönliche Erfolge und Herausforderungen an Meetings
Von den anderen gesehen als	Analytisch und distanziert	Sanft und fügsam	Unorganisiert	Ungeduldig
Aussagen	Lasst es uns RICHTIG machen	Lasst es uns HARMONISCH machen	Lasst es uns ZUSAMMEN machen	Lasst es uns JETZT machen
Stärken	– Sachkundig und detailliert – Wirkt kompetent – Stellt bohrende Fragen – Gründliches Nachführen	– Baut tiefe, lang-anhaltende Beziehungen auf – Natürlicher Zuhörer – Ehrlich und warmherzig – Ausdauernd	– Baut schnell Beziehungen auf – Freundlich und sozial – Anpassungsfähig, einfallsreich – Geschickter Präsentator	– Selbstsicher, bestimmt – Liebt Herausforderungen – Fokussiert – Beeinflusst andere

Schwächen	– Der erste Kontakt kann schwierig oder zurückhaltend sein – Fragen können als kritisch oder unsensibel angesehen werden – Bemerkt die Gefühle der anderen nicht – Fokus auf belanglose Details	– Langsam im Anpassen – Eventuelles Fehlen von Enthusiasmus beim Treffen von Entscheidungen – Vermeidet Zurückweisungen – Nimmt Schwierigkeiten persönlich	– Eventuelles Fehlen von Schwerpunkten – Zu salopp für einige – Schlechtes Planen und Nachfassen – Kann das Interesse verlieren	– Schlechter Zuhörer – Kann auf andere arrogant wirken – Kann eventuell zu stark drängen – Wartet nicht auf Feedback
Wird in einem Team ...	– ... Ideen hinterfragen und sicherstellen, dass eine gründliche Recherche stattfindet – ... sicherstellen, dass Aufgaben besprochen werden und für das nächste Mal etwas gelernt wird – ... mithelfen beim Produzieren von klaren Zielen für Projekte – ... sicherstellen, dass Details nicht übersehen werden	– ... den Beiträgen von allen zuhören – ... in Zeiten von Konflikten beide Seiten ansehen und versuchen Synergien festzuhalten – ... ein guter Resonnanzboden für die einzelnen Personen sein – ... den Einfluss auf die anderen beachten, wenn Entscheidungen getroffen werden	– ... Humor liefern und die Vorgehensweisen auflockern – ... sicherstellen, dass regelmässig Meetings stattfinden, um Erfahrungen auszutauschen – ... sich über neue Ideen freuen und sich auf die anderen Personen einstellen – ... glauben, dass alles möglich ist	– ... gut auf unmittelbare Herausforderungen reagieren – ... eine grosse Sicherheit haben, dass Aufgaben erreicht werden können – ... Richtungen liefern und nach Resultaten fragen – ... Energie und einen Sinn für Dringlichkeit in eine Gruppe einbringen

Annäherung und Kommunikation

Ratsam	– Gut vorbereitet und gründlich sein – Informationen schriftlich festhalten – Alle Details in Betracht ziehen	– Geduldig und unterstützend sein – Herunterfahren und seinem Tempo anpassen – Nach seiner Meinung fragen und Zeit lassen, um eine Antwort zu geben	– Freundlich und sozial sein – Unterhaltend und anregend sein – Offen und flexibel sein	– Direkt und sachdienlich sein – Auf Resultate und Ziele fokussieren – Sei kurz, intelligent und schnell wieder weg
Nicht ratsam	– Zu nahe kommen oder umarmen – Bei wichtigen Sachen oberflächlich sein – Die Routine ohne Ankündigung ändern	– Vorteile aus der Gutmütigkeit ziehen – Drängen, schnelle Entscheidungen zu treffen – «Last-Minute»-Überraschungen	– Mit Details langweilen – In Routine anbinden – Alleine arbeiten lassen	– Zögern oder schwafeln – Auf Gefühle fokussieren – Versuchen zu übernehmen

Insights Discovery ist ein wertvolles Instrument zur Förderung der Leistungsfähigkeit sowohl einzelner Menschen als auch von Organisationen und Unternehmen. Für angehende Führungskräfte lohnt sich ein vertieftes Auseinandersetzen mit dieser Methode.

Es gibt in diesem Zusammenhang andere Hilfsmittel, die zum Ziel führen können. So lässt sich die Situation rund um den Sitzungstisch vereinfachend, aber meist dennoch zutreffend **mit neun typischen Sitzungsteilnehmern** beschreiben.

Jeder Typ zeigt ein spezifisches Verhalten und erfordert eine spezielle Behandlung durch die Vorsitzende oder den Vorsitzenden.

1 der Streitsüchtige	6 der unkooperative Ablehner
2 der Positive	7 der dickhäutige Uninteressierte
3 der Alleswisser	8 der geistig Anspruchsvolle,
4 der Geschwätzige	der Intellektuelle
5 der Scheue	9 der beharrliche Frager

Folgendes Verhalten hat Aussicht auf Erfolg:

– Gegenüber dem Streitsüchtigen: Bleiben Sie als Vorsitzender ruhig. Lassen Sie sich nicht involvieren und provozieren. Versuchen Sie, zu verhindern, dass er die Sitzung monopolisiert.

– Gegenüber dem Positiven: Er kann eine grosse Hilfe sein. Lassen Sie ihn oft zu Wort kommen. Fassen Sie von Zeit zu Zeit seine Voten zusammen.

– Gegenüber dem Alleswisser: Lassen Sie die Gruppe seine Theorien zur Kenntnis nehmen.

– Gegenüber dem Geschwätzigen: Unterbrechen Sie ihn taktvoll. Limitieren Sie seine Sprechzeit.

- Gegenüber dem Scheuen: Fragen Sie ihn einfache Dinge. Steigern Sie sein Selbstbewusstsein. Geben Sie ihm, wenn immer möglich, Kredit.
- Gegenüber dem unkooperativen Ablehner: Nutzen Sie seine Ambitionen. Anerkennen Sie sein Wissen, und nutzen Sie es.
- Gegenüber dem dickhäutigen Uninteressierten: Fragen Sie ihn nach seiner Arbeit und seiner Leistung. Versuchen Sie ihn zu bewegen, Beispiele einer Arbeit zu geben, die er gerne verrichtet.
- Gegenüber dem geistig Anspruchsvollen, dem Intellektuellen: Kritisieren Sie ihn nicht. Benützen Sie die Ja-aber-Technik und stellen Sie Fragen.
- Gegenüber dem beharrlichen Frager: Er versucht Sie an der Nase herumzuführen. Leiten Sie seine Fragen an die Gruppe weiter.

Das Alter spielt beim Führen von Mitarbeitenden eine grosse Rolle

Die Anzahl Jahrringe ist bezüglich der Einstellung und des Verhaltens nicht unbedeutend.

Die nachfolgenden Tabellen fassen die Merkmale der verschiedenen Generationen stichwortartig zusammen und weisen auf etwas hin, das im alltäglichen – geschäftlichen wie privaten – Leben eine wichtige Rolle spielen kann.

Merkmale der Generationen (Jahrzahlen = Geburtsjahre)

	positiv	negativ
Veteranen 1925–1949	Beständig, detailorientiert, gründlich, loyal, hart arbeitend	Wehren sich nicht, fühlen sich unwohl bei Konflikten
Baby-Boomers 1950–1965	Dienstleistungsorientiert, starker Eigenantrieb, Team-arbeiter	Konfliktscheu, Prozess vor Ergebnis, Feedback-empfindlich
Generation X 1960–1979	Unabhängig, unbeeindruckt von Vorgesetzten, technisch versiert	Ungeduldig
Generation Y 1975–2000	Gemeinsame Aktionen, optimistisch, «Multitasking»	Brauchen Anweisungen

Weitere Merkmale der drei heute noch voll arbeitstätigen Generationen

	Baby-Boomer	Generation X	Generation Y
Ziel	Selbstbehauptung	Selbstreflexion	Selbstverbesserung
Wichtigster Wert	Protest und Idealis-mus, Narzissmus, Rebellion, Kreativi-tät, Entfaltung	Skepsis und Softindividualis-mus, Zynismus, Pessimismus, Improvisation, Sinnsuche	Vertrauen, Ich-AG, Pragmatismus, Vernetzung, Koopera-tion, Effizienz

Wirtschaft/ Politik	Wirtschafts-aufschwung, 68er-Bewegung, Vietnamkrieg, RAF, Ölkrise	Rezession, Anti-atombewegung, Afghanistankrieg, IRA, Tschernobyl	New Economy, Antiglobalisierung, Terrorismus, Al Kaida, Millenniumbug
Freizeit	Sexuelle Revolu-tion, freie Liebe, Mensa, Fussball, Rollschuhe, LSD, Griechenland	Single-Partys, AIDS, McDonald's, Tennis, Skateboard, Kokain, Berlin	Flirt im Chatroom, Treue auf Zeit, Coffee-Shop, Golf, Kickboard, Ecstasy, Ibiza
Konsum	VW-Bus, C&A, Adidas, Sandalen, Afri-Cola	VW Golf, Benetton, Nike, Basketball-stiefel, Cola light	Mini, H&M, Puma, Sneaker, Red Bull, Mini Cooper
Slogans	«Wer 2x mit dersel-ben pennt, gehört zum Establishment», «Make love, not war»	«Null Bock», «Was lacostet die Welt, Geld spielt keine Rolex»	«We are one family», «Just do it»
Technik	Fernseher, öffent-licher Rundfunk, 8-mm-Film, Tran-sistorradio	PC, Kabelfern-sehen, Videos, Walkman	Internet, Satelliten-fernsehen, DVD, MP3-Player
Helden	Pippi Langstrumpf, Mickey Mouse, Star Trek, Beat Club	Drei Fragezeichen, Garfield, Miami Vice, Formel 1	Harry Potter, Mangas, Ally McBeal, Bravo TV
Musik	Psychedelic, Beatles, Jimmy Hendrix, Janis Joplin, Rolling Stones, Woodstock	Grunge, Depeche Mode, Boy George, Nena, The Cure, Roskilde	Boygroups, Take That, Eminem, Britney Spears, No Angels, Love Parade

Weitere Merkmale der zwei jüngsten Generationen

Generation X
- hohe Anpassungsfähigkeit
- guter Umgang mit modernen Technologien
- lieben kreative Aufgaben
- Ungeduld und Hang zu Faulheit
- wenig Durchsetzungsvermögen
- hoch individualistisch
- schnell demotiviert und perspektivenlos, aber motiviert bei selbst-ständiger Arbeit

Generation Y
- vielfältige Möglichkeiten zur beruflichen Entwicklung
- Arbeit macht Spass
- Sinn der Arbeit ist wichtig
- schnelle Aufstiegschancen
- wollen regelmässige Kommunikation
- brauchen genaue Anleitung (anfänglich)
- brauchen viel Aufmerksamkeit
- wollen regelmässig Feedback und Lob
- reagieren schlecht auf Kritik
- bevorzugen flexible Arbeitszeiten
- beachten Work-Life-Balance
- sind wenig selbstkritisch
- sind offen, ehrlich, tolerant
- sind starke Benutzer moderner Kommunikationsmittel (Social Media)

Die situative Führung

Man muss den Führungsstil an die jeweilige Situation
anpassen können.

Der wünschenswerte Führungsstil eines Vorgesetzten gibt immer wieder Anlass zu Diskussionen und Fragen.

Hersey und Blanchard (1977) haben unterschiedliche Führungsstile im Spannungsfeld zwischen Aufgaben- und Beziehungsorientierung dargestellt:

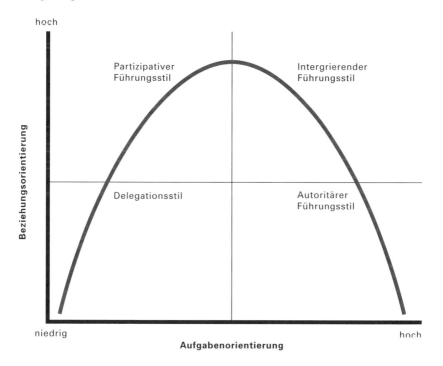

hoch

Partizipativer
Führungsstil

Intergrierender
Führungsstil

Beziehungsorientierung

Delegationsstil

Autoritärer
Führungsstil

niedrig

hoch

Aufgabenorientierung

Autoritärer Führungsstil
Die vorgesetzte Person gibt alles bis ins Detail vor. Der Fokus liegt stark auf der zu erledigenden Aufgabe und kaum auf der Beziehung

zur Person. In der Originalarbeit von Hersey und Blanchard wird dieser Quadrant auch mit **Telling** bezeichnet: Die Führungskraft sagt, was wie zu erledigen ist.

Integrierender Führungsstil

Der Fokus liegt auf der Aufgabe. Die Beziehung zum Mitarbeitenden ist aber auch von Bedeutung. Es wird ihm erklärt, weshalb etwas wichtig ist. Dieser Quadrant heisst im Original **Selling**: Die Führungskraft «verkauft» dem Mitarbeitenden die Aufgabe.

Partizipativer Führungsstil

Es muss viel weniger über die Details der Aufgabe gesprochen werden, weil der Mitarbeitende bereits eine relativ grosse Erfahrung hat beziehungsweise einen relativ grossen «Reifegrad» aufweist. Im Original heisst dieser Quadrant **Participating**: Die Führungskraft überlässt einige Entscheidungen dem Mitarbeitenden, begleitet ihn aber bei der Ausführung.

Delegationsstil

Bei einer grossen Erfahrung seitens des Mitarbeitenden, das heisst bei einem hohen «Reifegrad», braucht es keine Details und keine Begründungen. Entscheidungen sowie Durchführung können vollumfänglich abgegeben sprich delegiert werden. Deshalb im Original: **Delegating**.

Der «Reifegrad» von Mitarbeitenden umfasst zwei Aspekte: Fach- und Sozialkompetenz. In fachlicher Hinsicht streben «reife Mitarbeitende» Verantwortung an. Sie entwickeln selbstständig ihre Fähigkeiten und ihr Fachwissen. Im Bereich Sozialkompetenz wollen sie etwas gemeinsam erreichen. Sie sind engagiert, motiviert und motivieren andere.

Der «Reifegrad» eines Mitarbeitenden ist abhängig von der Aufgabenstellung. Das heisst, dass er bei einer Aufgabe (zum Beispiel «Verkaufen») eine hohe Reife aufweisen kann, bei einer anderen (zum Beispiel «Abläufe organisieren») eine wesentlich niedrigere. Das bedeutet für die Führungskraft, dass bei einer bestimmten Person und bei einer bestimmten Aufgabe nicht immer derselbe Führungsstil zum Ziel führt.

Analog verläuft das Führen des Unternehmens als Ganzes: In stürmischen Zeiten – wenn das Schiff zu sinken droht – wünscht sich die Belegschaft einen Kapitän, der mutig das Ruder in die Hand nimmt und das Schiff aus der stürmischen See steuert (Ruf nach autoritärem Führungsstil). Befindet sich das Schiff wieder in ruhiger See, hat die Belegschaft das Bedürfnis, bei wichtigen Entscheiden angehört zu werden und mitreden zu dürfen (partizipativer Führungsstil). Die gute Führungskraft passt sich bezüglich Führungsstil der jeweiligen Situation an, um ihre Ziele zu erreichen.

Den einzig wahren und immer erfolgreichen Führungsstil gibt es nicht.

Selbstbild und Fremdbild

*Ehrliches Feedback-Geben ist ein
grosses Geschenk an die Empfänger.
Erfolgreiches Feedback-Nehmen erfordert
die Fähigkeit zur Selbstkritik.*

Selbstbild (was ich selbst glaube zu sein) und Fremdbild (wie eine andere Person mich sieht) stimmen nicht immer überein.

Die Kommunikation zwischen zwei Menschen ist umso einfacher, je besser sich deren Selbst- und Fremdbilder decken.

Weiter gewinnt man mit Offenheit das Vertrauen anderer Menschen eher, als wenn man sich «ins Schneckenhaus zurückzieht» und möglichst wenig von sich preisgibt. Je grösser das Vertrauensverhältnis zu den Mitmenschen ist, desto grösser wird die Möglichkeit, von anderen zu lernen. Wie im Kapitel «Subjektivität als Basis des erfolgreichen Verhaltens», S. 16, erwähnt, erhöht eine andere subjektive Sicht den eigenen Informationsstand.

Das **Johari-Fenster** (benannt nach den Erfindern Joseph Luft und Harry Ingham, 1955) illustriert dies und regt an, durch Offenheit und ehrliches Feedback mehr über sich selbst zu erfahren und ein Vertrauensverhältnis zu seinen Mitmenschen aufzubauen.

Öffentliche Person

Dieses Feld beschreibt Eigenschaften, die mir selbst bewusst sind und über die ich mich gerne mit anderen unterhalte. Es umfasst die Anteile meiner Persönlichkeit, die nach aussen sichtbar gemacht und von anderen wahrgenommen werden. Neben äusseren Merkmalen geht es auch um innere Eigenschaften wie Mut, Ehrgeiz, Ängstlichkeit usw., soweit diese erkennbar sind. Dieser Teil ist eher klein.

Mein Geheimnis (Privatperson)

Das ist der Bereich des Verhaltens, der mir bekannt und bewusst ist, den ich aber nicht bekannt machen will, zum Beispiel intime Wünsche

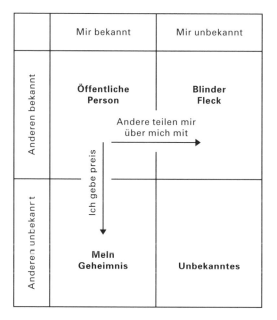

und Ängste, Einstellungen und Gefühle. Je grösser das Vertrauen zu anderen ist, desto kleiner ist dieser Bereich.

Blinder Fleck

Es gibt Verhaltensweisen und Eigenschaften, deren ich mir nicht bewusst bin, die aber von anderen wahrgenommen werden. Dazu gehören Gewohnheiten, aber auch Vorurteile und Abneigungen. Je kleiner der blinde Fleck ist, desto erfolgreicher kann man kommunizieren. Regelmässiges und ehrliches Feedback kann den blinden Fleck verkleinern.

Unbekanntes

Dieser Bereich ist verborgenen Talenten und ungenutzten Begabungen vorbehalten und weder mir noch anderen bekannt. Je mehr ich gefördert und gefordert werde, desto weniger Raum nimmt dieses Feld ein. Möglicherweise enthält dieser Bereich auch verdrängte, aus der Erinnerung gelöschte Situationen und Gefühle.

Mit dem Modell angestrebtes Ziel

Das Johari-Fenster dient zur Entwicklung der eigenen Persönlichkeit und damit zur Vergrösserung des Handlungsspielraums in zwischenmenschlichen Kontakten. Das Feld Öffentliche Person soll «auf Kosten» der anderen drei Felder vergrössert werden. Das kann, wie erwähnt, durch das Einholen von ungeschminktem Feedback geschehen. Der Nutzen eines derartigen Feedbacks hängt vom gegenseitigen Vertrauen der involvierten Personen ab. Feedback bringt mir am meisten, wenn ich Bereitschaft zeige, mein Selbstverständnis zu erweitern. Im Gegenzug sollte die Feedback gebende Person mein Selbstbild akzeptieren. Dadurch bin ich als Feedback-Nehmer eher bereit, vorurteilsfrei zuzuhören. Mögliche Widerstände gegen Verhaltensänderungen und die Angst, mich mit ihren Ursachen auseinandersetzen zu müssen, werden verringert. Dies kann zur angestrebten Vergrösserung des Feldes Öffentliche Person führen.

Folgende **Feedback-Regeln** können dabei hilfreich sein:

Beim Feedback-Geben
- Wähle den richtigen Ort und den richtigen Zeitpunkt.
- Sei rücksichtsvoll und respektvoll.
- Biete Informationen an, zwinge nichts auf.
- Beschränke dich auf eigene Beobachtungen, gib konkrete Beispiele.
- Drücke dich in Ich-Sätzen aus.
- Nimm keine Wertungen, Verurteilungen, Drohungen usw. vor (zwischen Verhalten und Person unterscheiden).
- Sprich im Klartext, beschreibe die Situationen, ohne sie zu beurteilen.
- Konzentriere dich auf Punkte, bei denen eine Weiterentwicklung des Gesprächspartners als möglich erscheint.
- Zeige Gefühle für den Gesprächspartner (verbalisiere sie).
- Gutes Feedback enthält nicht nur Positives.

Das Geben von aufrichtigem, ungeschminktem Feedback ist nicht einfach. Man sollte sich dabei an die Regel «sucré et salé» («Zucker und Salz» oder «Aufbauendes und Kritisches») halten.

Beim Feedbacknehmen

- Höre aufmerksam bis zum Ende zu, und versuche zu verstehen, was dein Gesprächspartner meint.
- Rechtfertige dich nicht, lass den Gesprächspartner ausreden, unterbrich ihn nicht.
- Verlange falls nötig Erklärungen, aber verteidige dich nicht.
- Überlege dir, wie du das Feedback zu deinen Gunsten ausnützen könntest.
- Bedanke dich am Schluss für die Offenheit und das Vertrauen des Gesprächspartners.

Komplexität der zwischenmenschlichen Kommunikation

Das Gesagte und das Verstandene stimmen nicht automatisch überein.

Eine erfolgreiche Unternehmensführung erfordert unter anderem die Fähigkeit, jederzeit gut kommunizieren zu können.

Dieses gute Kommunizieren lässt sich nicht anordnen oder gar befehlen. Die damit verbundenen Zusammenhänge und Interaktionen sind zu komplex. Man kann nur gut kommunizieren, wenn ein echtes Bedürfnis dafür besteht. Mit anderen Worten: Wer die Notwendigkeit und den Sinn guter Kommunikation versteht, kommuniziert in der Regel automatisch mit Erfolg, weil er sich entsprechend verhält. Die wichtigste Voraussetzung für eine erfolgreiche Kommunikation wurde bereits dargelegt, nämlich das Bewusstsein, dass jede menschliche Sicht letztlich nur eine subjektive Sicht ist. Diese Erkenntnis führt zu Offenheit, Bescheidenheit und Toleranz, das heisst zu Eigenschaften, die die Kommunikation mit unseren Mitmenschen erleichtern.

Warum ist die zwischenmenschliche Kommunikation komplex?
- Kommunikation ist immer eine Zweiweginformation (Sender–Empfänger–Sender–Empfänger usw.).
- Kommunikation ist nicht nur verbale Interaktion. Die Körpersprache (Mimik, Gestik, Blickrichtung) spielt ebenfalls eine grosse Rolle.

Die folgenden Beispiele zeigen, was entscheidend ist, wenn wir Informationen weitergeben, wie der Informationsaustausch funktioniert und weshalb es immer wieder zu Missverständnissen kommt.

Blumenstrauss oder Vogel Strauss?
Jeder Sender hat seinen individuellen, kulturellen und kontextuellen Hintergrund, der auf seinen Erfahrungen basiert. Er wird eine Infor-

mation auf die ihm eigene Art in Wörter und Sätze verpacken. Das heisst, er verschlüsselt die Bilder für den Transport zum Empfänger. Der Empfänger seinerseits hat auch einen persönlichen Hintergrund, aufgrund dessen er die erhaltene Nachricht entschlüsselt, das heisst in Bilder übersetzt, die zu seinem Hintergrund passen und ihm verständlich machen, was er gerade gehört hat.

Je ähnlicher die Hintergründe der beiden Personen sind, desto grösser ist die Wahrscheinlichkeit, dass sie einander verstehen. Bestehen jedoch bedeutende Unterschiede bezüglich Kultur, Kontext, Alter, Erfahrung usw., ist es schwieriger, einem Wort das gleiche Bild zuzuordnen, und die Wahrscheinlichkeit, aneinander vorbeizureden, steigt. Das Resultat kann so aussehen:

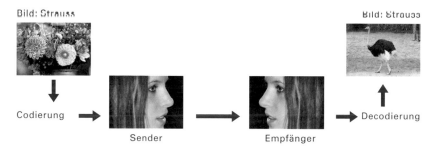

Bild: Strauss   Bild: Strauss

Codierung   Decodierung

Sender   Empfänger

Frau spätabends vor dem Fernseher

Ein Ehemann kommt spätabends nach Hause. Seine Gattin sitzt vor dem Fernsehgerät. Er sagt: «Willst du noch lange fernsehen?» Sie könnte diese Frage mit Ja oder Nein beantworten. Nehmen wir stattdessen an, dass sie ihn verstehen will. Sie fragt sich deshalb: Wie meint er das? Die Möglichkeit, er frage sie lediglich nach einem Zeitpunkt, verwirft sie bald einmal. In Gedanken schlüpft sie in seine Rolle und hört ihn sagen: «Ich habe bis spätabends hart gearbeitet, komme erschöpft nach Hause, und meine Frau sitzt vor der Glotze!»

Wenn sie glaubt, ihn so reden zu hören, wird sie wütend. Sie hört sich antworten: «Kann man sich in diesem Haus nicht einmal eine Sendung in Ruhe anschauen?»

Sie könnte auch in eine andere Rolle ihres Mannes schlüpfen und würde ihn Folgendes sagen lassen: «Hast du nichts Besseres zu tun, als deine Zeit mit diesen blöden Sendungen zu verplempern?» Auch diese Frage macht sie wütend, und sie haut deshalb einen passenden Keil in den groben Klotz: «Den ganzen Tag rackere ich mich für dich und unsere Kinder ab. Da werde ich wohl das Recht haben, mich wenigstens ein paar Minuten zu entspannen!»

In beiden Fällen folgt sie ihrem Instinkt, der sich in vielen Jahren des Zusammenlebens mit ihrem Mann gebildet hat.

Er denkt: «Verdammt! Warum reagiert sie wieder so sauer. Ich wollte ihr doch nur auf nette Art zu verstehen geben, dass ich gerne mit ihr ins Bett möchte.»

Beide sind verärgert. Der Abend ist gelaufen. Sie hat ihn so verstanden, wie sie seine Frage interpretiert hat. Und er hatte angenommen, dass sie ihn bestimmt richtig verstehen würde.

Eine sprachliche Botschaft kann mehrdeutig gemeint und auch aufgefasst werden. Solche Missverständnisse entstehen aufgrund mangelnder Informationen, die vom Empfänger der Botschaft ergänzt werden müssen. Nur dies ermöglicht es, mit Sicherheit zu verstehen, was wirklich gemeint ist.

Das 4-Ohren-Modell
Der deutsche Psychologe und Kommunikationswissenschaftler Friedemann Schulz von Thun hat ein Modell zur Erklärung derartiger Missverständnisse und damit der Komplexität der zwischenmenschlichen Kommunikation entwickelt, das in der Literatur verschiedene Namen trägt: das 4-Seiten-Modell, das Nachrichtenquadrat, das Kommunikationsquadrat oder das 4-Ohren-Modell.

Nach Schulz von Thun kann eine Nachricht unter vier Aspekten beschrieben werden: Sachinhalt, Selbstoffenbarung, Beziehung und Appell. Man nennt sie auch die vier Seiten einer Nachricht.

Das Modell zeigt, weshalb es immer wieder zu Missverständnissen kommt, denn was man zu hören glaubt, ist nicht unbedingt das, was das Gegenüber sagen will. Ein weiteres Beispiel soll dies erläutern.

Frau und Mann im Auto

Frau und Mann fahren auf eine Kreuzung, die Ampel steht auf Grün. Die Frau sitzt am Steuer. Der Mann sagt: «Die Ampel steht auf Grün.» Analyse dieser übermittelten Information:

Sachinhalt	Die Ampel steht auf Grün.
Selbstkundgabe (des Mannes)	Das wird echt peinlich, wenn wir es nicht bei Grün über die Kreuzung schaffen. Wir sind sowieso schon zu spät!
Appell (des Mannes an die Frau)	Mach schon, dass es uns noch über die Kreuzung reicht!
Beziehungshinweis	Der Mann denkt sich: Typisch Frau am Steuer! Die Frau denkt sich: Typisch der Besserwisser, soll er doch fahren.

Je nachdem, wer den simplen Satz «Die Ampel steht auf Grün» wie sagt und wie ihn der Empfänger auffasst, kann er anderes aussagen und bedeuten.

Sprache und Blickrichtungen – Hinweise für ein besseres Verständnis des Gesprächspartners

Wer eindeutig fragt, bekommt auch eindeutige Antworten.

Dieses Kapitel basiert auf einem Kurs in den frühen 80er-Jahren von Dr. Fritz Nägle, Partner des Horst-Rückle-Teams. In einem Gespräch sollte man sich folgende Fragen stellen:
- Was denkt der Gesprächspartner?
- Was denkt er, wenn er spricht?

Die Qualität der Antwort entscheidet über Erfolg und Misserfolg des Gesprächs.

Auf den ersten Blick scheinen diese Fragen unproblematisch zu sein. Schliesslich redet der Gesprächspartner, um zu sagen, was er denkt. Die auf den vorangehenden Seiten dargelegten Beispiele zeigen, dass dies leider nicht immer zutrifft. Um zu versuchen, derartige Missverständnisse zu verhindern, gibt es drei Vorgehensweisen:

1. Der Empfänger errät, was der Sender gemeint haben könnte.
   Diese Vorgehensweise ist unschlagbar, wenn man sich irren will. Angesichts der hohen Fehlerquote ist es erstaunlich, wie viele Menschen sich täglich für sie entscheiden.

2. Der Empfänger fragt den Sender, was er gemeint hat.
   Diese Vorgehensweise ist seit zweieinhalb Jahrtausenden bekannt und hat sich hervorragend bewährt. Sie wird als «Hebammenkunst der Gesprächsführung» bezeichnet. Ihr Erfinder heisst Sokrates. Sie ist so einfach und naheliegend, dass sie immer wieder in Vergessenheit gerät.

3. Der Empfänger sagt dem Sender, wie er die Botschaft aufgefasst hat.
   Der Fachausdruck für diese Vorgehensweise heisst «verbalisieren». Sie ist zwar nicht irrtumsfrei, aber dennoch völlig unproblematisch. Irrt sich der Empfänger, dann wird ihn der Sender korrigieren. Beide verstehen anschliessend, was gemeint war.

68

Weshalb kommt es trotzdem immer wieder zu Missverständnissen? Das Problem liegt in der Schwierigkeit, die richtigen Fragen zu stellen und richtig zu verbalisieren.

Die sprachlichen Kommunikationskanäle

Wenn Sie eine Rundfunksendung hören wollen, stellen Sie Ihr Radiogerät auf den entsprechenden Sender ein. Im Gespräch spielt sich der gleiche Vorgang ab, meistens ohne dass er uns bewusst wird. Dazu folgendes Beispiel:

A sagt: «Ich schlage mich mit einem schweren Problem herum. Wenn ich morgens erwache, lastet dieses Problem wie ein Gewicht auf mir. Deshalb fühle ich mich in letzter Zeit nicht mehr wohl. Können Sie mir irgendwie dabei helfen?»

B antwortet: «Ich sehe, Sie haben ein Problem. Das will ich mir genau anschauen. Wir wollen Ihr Problem jetzt gemeinsam betrachten, um ein möglichst exaktes Bild davon zeichnen zu können.»

Selbst wenn die beiden längere Zeit miteinander reden, kommen sie sich nicht näher. A wird am Ende des Gesprächs sagen: «B begreift nicht, was mich belastet.» B wird sagen: «A sieht sein wirkliches Problem nicht.» Vom eigenen Standpunkt aus gesehen, haben beide Recht. Gleichwohl reden sie aneinander vorbei. Weshalb?

Weil sie über verschiedene Kanäle kommunizieren. Der Mensch nimmt seine Umgebung visuell (Bilder), auditiv (Töne, Geräusche) und kinästhetisch (Gefühl, Geruch, Geschmack) wahr. Entsprechend teilen wir unsere Gedanken und Gefühle der Umwelt mit. Wir benutzen dabei die Kommunikationskanäle **Sehen – Hören – Fühlen.**

Sie haben im oben angeführten Dialog zwischen A und B sicher bemerkt, dass A den Kanal Fühlen benutzt, während B im Kanal Sehen antwortet. Das wäre, als ob B eine Radiosendung im UKW-Bereich hören möchte und sein Empfangsgerät auf Mittelwelle einstellt.

Aufgrund wissenschaftlicher Untersuchungen ist erwiesen, dass das menschliche Gedächtnis mit kaum vorstellbarer Geschwindigkeit und Präzision Umweltreize gleichzeitig in Bild, Ton und Gefühl speichert. Es gilt das Prinzip des Sowohl-als-auch.

Anders sieht es aus, wenn unser Bewusstsein in Aktion tritt und sich das, was wir denken und wollen, in der Sprache manifestiert. Im

Gegensatz zur Speicherung im Gedächtnis gilt hier das Prinzip des Entweder-oder beziehungsweise des Nacheinander. Bild, Ton und Gefühl können nur neben- oder nacheinander wiedergegeben oder aufgenommen werden. Das bedeutet für eine Momentaufnahme des sprachlichen Geschehens: entweder Bild oder Ton oder Gefühl.

Die Wahl der Verben und Adjektive sind solche Momentaufnahmen des Denkens. Sie zeigen, wie der Gesprächspartner denkt. Benützt er den Kommunikationskanal Bild, wird er Verben wie sehen, erkennen, beleuchten, durchschauen usw. sowie Adjektive wie hell, dunkel, bunt, schillernd usw. verwenden. Entsprechendes gilt für die Kanäle Ton und Gefühl.

Demzufolge müssen wir auf die Wortwahl unseres Gesprächspartners achten. Wer erfolgreich kommunizieren will, muss sich die Kunst dieser Art des Übersetzens aneignen. Er muss seine Wortwahl der Vorstellungswelt seines Gesprächspartners anpassen.

Da Sie den Gesprächspartner in der Regel nicht nur hören, sondern auch sehen, gibt es ein zuverlässiges Mittel, um festzustellen, durch welchen Kommunikationskanal er sich mitteilt: die Blickrichtungen.

Die Blickrichtung spricht Bände

Die Richtung, in die jemand schaut, gibt Hinweise auf das, was er denkt und fühlt.

Die Erinnerung
Kreativität
Fantasie
Gefühl
Spielerisches Denken

Die Vorstellung
Methode
Systematik
Theorie
Logik

Die einfachste Blickrichtung (oder Augenbewegung) zeigt nach links oder nach rechts. Die Blickrichtung gibt an, welche der beiden Gehirnhälften im Moment arbeitet. Wandert der Blick einer Person nach rechts, dann arbeitet ihre linke Gehirnhälfte, und umgekehrt.

Wie bereits erläutert, haben beide Gehirnhälften ihre spezifische Ausrichtung. In dieser Arbeitsteilung ist, vereinfachend ausgedrückt, die linke Gehirnhälfte für die Theorie und die rechte für die Praxis zuständig. Die linke Gehirnhälfte bearbeitet die Eindrücke unter rationalen Gesichtspunkten, zergliedert sie nach den Regeln der Logik und systematisiert sie. Die rechte Gehirnhälfte denkt ganzheitlich, aus der Erfahrung heraus, sie arbeitet kreativ und fantasievoll.

Weil sich die Blickrichtung immer von der Gehirnhälfte wegbewegt, die gerade arbeitet, lässt sich beim Gesprächspartner erkennen, ob er in der Erinnerung sucht (sein Blick wandert nach rechts) oder Eindrücke analysiert und konstruiert (sein Blick wandert nach links).

Wie erwähnt registriert das Gehirn Eindrücke auf drei Ebenen: als **Bild, Ton** und **Gefühl**. Die Blickrichtung zeigt auch, welche Ebene im Moment aktiv ist. Oben sind die Bilder, in der Mitte die Töne und Geräusche und unten die Körperempfindungen.

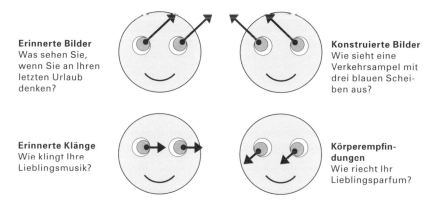

Erinnerte Bilder
Was sehen Sie, wenn Sie an Ihren letzten Urlaub denken?

Konstruierte Bilder
Wie sieht eine Verkehrsampel mit drei blauen Scheiben aus?

Erinnerte Klänge
Wie klingt Ihre Lieblingsmusik?

Körperempfindungen
Wie riecht Ihr Lieblingsparfum?

Wenn Gesprächspartner diese «Verkehrszeichen der Kommunikation» beachten, werden sie optimal aufeinander eingestellt kommunizieren.

Sollten Sie daran zweifeln, dass dies wirklich so einfach ersichtlich ist, machen Sie ein paar einfache Experimente: Stellen Sie Familienmitgliedern, Freunden oder Bekannten die folgenden Fragen und beobachten Sie dabei die Richtung, in die Ihr Gegenüber schaut:

1. Welche Bilder siehst du, wenn du an deinen letzten Urlaub denkst? Mit hoher Wahrscheinlichkeit wird Ihr Gegenüber – von Ihnen aus betrachtet – nach oben rechts, also in die erinnerten Bilder schauen, weil Sie nach einem erlebten und im Gedächtnis bildhaft gespeicherten Eindruck fragen.

71

Sie sehen bereits an diesem Beispiel, dass Sie in der Lage sind, die Blickrichtung Ihres Gegenübers durch die richtige Frage zu beeinflussen.

2. Wie sieht eine Verkehrsampel mit drei blauen Scheiben aus?

Eine solche Verkehrsampel gibt es nicht. Ihr Gegenüber muss sie konstruieren und wird nach links oben schauen, also in die konstruierten Bilder.

3. Wie klingen die ersten Töne deiner Lieblingsmusik?

Um Ihre Frage beantworten zu können, muss Ihr Gegenüber im Gedächtnis Klänge abrufen. Es wird deshalb mit grosser Wahrscheinlichkeit – von Ihnen aus betrachtet – waagrecht nach rechts blicken.

4. Wie riecht dein Lieblingsparfum?

Sie fragen nach einem Geruch, der im Gedächtnis Ihres Gegenübers unter Körperempfindung gespeichert ist. Entsprechend wird es, vom Betrachter aus gesehen, nach links unten schauen, weil nur dort die geforderte Information zu finden ist.

Bewusst oder unbewusst programmiert die Sprache, das heisst die Wortwahl, das Denken und hat damit einen Einfluss auf die Blickrichtung.

Sie können Ihren Gesprächspartner völlig aus der Bahn werfen, wenn Sie ihm Folgendes zumuten: «Stell dir vor» (Sie sprechen die visuellen Eindrücke an), «was du empfindest» (er soll sehen und fühlen), «wenn du deine Lieblingsmusik hörst» (er soll gleichzeitig auch noch hören). Weil er diese Eindrücke nur nacheinander abrufen kann, Sie jedoch verlangen, er solle sie nebeneinander, also gleichzeitig, produzieren, ist er verwirrt und versteht nicht, was Sie eigentlich meinen. Deshalb ein Ratschlag: Richten Sie Ihre Fragen eindeutig auf einen Kommunikationskanal aus.

Sollte Ihnen die Beobachtung der Blickrichtung Mühe machen, sei folgendes Hilfsmittel empfohlen: Übertragen Sie die Blickrichtungen auf eine Folie, die Sie über den Bildschirm Ihres Fernsehgerätes spannen. Bei Interviews können Sie Sprache und Blickrichtungen problemlos zuordnen.

Die bisher skizzierten Blickrichtungen gelten für Rechtshänder. Bei den Linkshändern ist die Darstellung seitenverkehrt.

Was kann erfolgreiche Kommunikation einem Unternehmen bieten?

Kommunikation ist viel mehr als zwei klappernde Gebisse.
Frank Domenz (Malermeister und Illustrator)

Erfolgreiche Kommunikation eröffnet die Möglichkeit zur Differenzierung

Da es heute immer schwieriger wird, sich allein durch Produkte und Dienstleistungen von der Konkurrenz zu unterscheiden, bekommt der sogenannte Zusatznutzen eine immer grössere Bedeutung, also die zielgerichtete Unterstützung des Kunden, damit dieser seine Herausforderungen erfolgreich meistern kann. Dies ist nur möglich, wenn zwischen dem Unternehmen und dem Kunden professionell und ehrlich kommuniziert wird. Voraussetzung dafür ist ein partnerschaftliches, auf gegenseitigem Vertrauen beruhendes Verhältnis.

Erfolgreiche Kommunikation ermöglicht den Aufbau einer guten Unternehmenskultur

Um die indirekten Mittel zum Erreichen der strategischen Ziele nutzbringend einzusetzen, muss gut kommuniziert werden. Das bedeutet zum Beispiel Sinnvermittlung durch symbolische Handlungen, Massnahmen zur Förderung der Identität, Wecken des Interesses, indem allgemeine Zusammenhänge erklärt werden usw. Nur dann werden die direkten Mittel (Projekt- und Aktionspläne, Soll-Ist-Vergleiche, Leistungsbewertungen usw.) wirkungsvoll unterstützt.

Erfolgreiche Kommunikation führt zu einem effizienten Chancenerfassungs- und Frühwarnsystem

Jedes Produkt und jede Dienstleistung mit hoher Marktattraktivität und Rentabilität, die «Stars» im Schema der Boston Consulting Group (siehe Abbildung), tendieren dazu, aufgrund der zunehmenden Konkurrenz zur «Cash-Cow» zu werden (geringere Marktattraktivität, aber immer noch hohe Rentabilität). Falls man nichts unternimmt, werden «Cash-Cows» früher oder später zu «Dogs» (geringe Markt-attraktivität, geringe Rentabilität).

Marktattraktivität
(Marktwachstum)

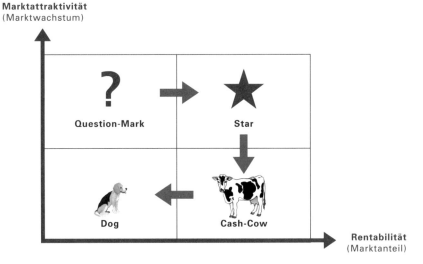

Eine der wichtigsten Aufgaben einer Unternehmensführung besteht darin, das mit «Cash-Cows» verdiente Geld in neue Produkte mit hoher Marktattraktivität («Question-Marks») zu investieren, damit diese die Chance erhalten, sich zu «Stars» zu entwickeln. Um dies gezielt und erfolgreich tun zu können, muss sich die Unternehmensführung über die Entwicklung der Kundenbedürfnisse ständig auf dem Laufenden halten. Dies ist umso eher möglich, je besser das Unternehmen mit seinen Partnern und mit der Öffentlichkeit kommuniziert.

Erfolgreiche Kommunikation führt zu einem zeitgerechten Führungsverhalten
Zeitgerechtes Führungsverhalten umfasst ganzheitliches, menschen- und umweltorientiertes Führen, eine Politik der offenen Türen, direkte Aussprachen, persönliche Kontakte und gegenseitiges Verstehen-wollen. Voraussetzung ist auch hier ein hohes Mass an Kommunikationsfähigkeit. Der verstorbene US-Senator Robert Kennedy hat diesbezüglich folgenden Rat gegeben: Am Anfang eines Dialogs sollte man immer denken, dass das Gegenüber Recht haben könnte.

Erfolgreiche Kommunikation ermöglicht ein effizientes Teamwork

Soll ein Unternehmen über längere Zeit erfolgreich geführt werden, müssen vom Führungsteam vier grundsätzlich verschiedene Rollen erfüllt werden:

- die des **Unternehmers,** der den Weitblick hat, Ziele setzt, strategisch plant und die langfristige Marschroute festlegt;
- die des **Produzenten,** der sicherstellt, dass konkurrenzfähige Produkte oder Dienstleistungen in der benötigten Qualität, zum bestmöglichen Preis und zum festgelegten Zeitpunkt bereitgestellt werden;
- die des **Administrators,** der die verschiedenen Tätigkeiten koordiniert und sämtliche Aktivitäten überwacht;
- die des **Integrators,** der dafür sorgt, dass die Ziele der verantwortlichen Personen mit den Zielen des Unternehmens im Einklang stehen und alle Beteiligten am gleichen Strick ziehen.

Da ein einzelner Mensch nicht alle vier Rollen perfekt erfüllen kann, ist die Leitung eines Unternehmens auf ein gut funktionierendes Team angewiesen, was natürlich eine optimale Kommunikation voraussetzt.

SMART: Klarheit bei der Zielsetzung

Wer den Hafen nicht kennt,
in den er segeln will, für den ist
kein Wind der richtige.
Seneca

Die Methode, die Unternehmen bei der Festlegung ihrer Ziele unterstützen soll, bezeichnet man als Management by Objectives (MbO).

Das Definieren von klaren Zielen hat einen wesentlichen Einfluss auf die Leistungsfähigkeit der im Unternehmen tätigen Personen. Um eine gute individuelle Leistung zu garantieren, müssen im MbO-Prozess folgende unabdingbare Voraussetzungen erfüllt sein:

– Bezüglich der Ziele: Nur mit klar definierten Zielen kann man verhindern, dass wichtige Informationen fehlen; nur mit klaren Zielen kann optimal geplant, entschieden, kommuniziert, ausgeführt und korrigiert werden.

– Bezüglich der Mitarbeitenden: Der Mensch muss sich mit den Zielen des Unternehmens identifizieren können, um eine gute Leistung zu erbringen. Diese Identifikation ist nur möglich, wenn die Ziele des Unternehmens den Bedürfnissen der Mitarbeitenden nicht zuwiderlaufen. Zudem muss präzise festgelegt werden, was bis zu welchem Zeitpunkt und mit welchen Mitteln zu erreichen ist.

Das Vorgehen für die Zielvereinbarung

– Die Unternehmensziele bilden die Grundlage für den Zielerreichungsprozess. Sie geben die Richtung für das unternehmerische Handeln vor.

– Aus den Unternehmenszielen werden Bereichs-, Abteilungs- und Gruppenziele für die entsprechende Planungsperiode abgeleitet. Sie bilden die Grundlage für den Zielerarbeitungsprozess mit den einzelnen Mitarbeitenden.

– Entscheidend ist, dass die Vorgesetzten nicht einfach Vorgaben machen, sondern mit dem Mitarbeitenden die zu erreichenden Ziele gemeinsam vereinbaren. Es sollte deshalb wie folgt vorgegangen werden:

- Der Vorgesetzte verteilt die Bereichs-, Abteilungs- und Gruppenziele auf die einzelnen Mitarbeitenden. Er formuliert seine Zielvorstellungen für die Planungsperiode, bezogen auf die einzelnen Mitarbeitenden seines Teams.

- Die Mitarbeitenden, welche die Unternehmensziele ja auch kennen, sollen ihre Zielvorstellungen bezüglich ihrer Tätigkeit zu Papier bringen.

- Im Zielvereinbarungsgespräch präsentieren der Vorgesetzte und der Mitarbeitende ihre Zielvorstellungen. Man stellt Gemeinsamkeiten fest, diskutiert Abweichungen und einigt sich schliesslich auf die zu erreichenden Ziele. Letztere werden schriftlich festgehalten. Selbstverständlich kommen nur Ziele in Frage, die im Einklang mit den Unternehmenszielen stehen.

- Sind die Ziele vereinbart, ist der Mitarbeitende zu selbstständigem Handeln aufgefordert. Mit dem Vorgesetzten bespricht er regelmässig Zwischenergebnisse auf dem Weg zur Zielerreichung. Werden Abweichungen festgestellt, sind deren Ursachen zu analysieren. Vielleicht kommen auch neue Ideen hinzu. Unternehmen bewegen sich in einem dynamischen Umfeld. Aufgrund neuer Impulse oder Ereignisse wird ein Ziel womöglich hinfällig und muss deshalb angepasst werden. Sollte es sich herausstellen, dass gewisse Ziele gar nicht erreicht werden können, werden sie aus der Zielvereinbarung gestrichen.

- Zum Führungsprozess gehört, dass der Vorgesetzte den Stand der Zielerreichung mittels periodischer Kontrollen überprüft, um allfällige Fehlentwicklungen so rasch wie möglich zu erkennen und zu korrigieren.

Ziele muss man gut kommunizieren

Eine Möglichkeit, Ziele richtig zu formulieren und entsprechend gut zu kommunizieren, bietet **SMART,** ein Kürzel, das sich wie folgt zusammensetzt.

Ein Ziel sollte:
- **spezifisch** sein (= **S**pecific)
  Das heisst konkret, eindeutig und klar formuliert.
- **messbar** sein (= **M**easurable)
  Wenn immer möglich sollte man einen eindeutigen Massstab oder Leistungsstandard für die Ziele finden. Zum Beispiel: Absatzmengen, Umsatzzahlen, Produktivitätszahlen, Zeiteinheiten, Qualitätsgrade.
  Als kleiner Dämpfer sei hier allerdings der berühmte Satz von Albert Einstein erwähnt: «Nicht alles, was zählt, ist zählbar, und nicht alles, was zählbar ist, zählt.»
- **als erreichbar betrachtet** werden (= **A**chievable)
  Nur Ziele, die aufgrund der Eignung und Leistungsfähigkeit der Mitarbeitenden und mit den verfügbaren Mitteln erreicht werden können, stellen eine motivierende Herausforderung dar. Sowohl unter- als auch überfordernde Ziele wirken kontraproduktiv.
- **resultatorientiert** sein (= **R**esult oriented)
  Nicht das Wie (der Weg und die Tätigkeit), sondern das Was (in Form eines Ergebnisses, einer zukünftigen Situation oder eines konkreten Endproduktes) wird festgehalten.
- **termingebunden** sein (= **T**ime related)
  Ein angestrebter Zeitpunkt oder ein Zeitraum muss vereinbart werden, damit die Zielerreichung auch zeitlich überwacht werden kann.

Zuerst die grossen Steine

Entscheidend ist die Reihenfolge.

Wie gehen wir am besten vor, wenn wir ein Projekt planen müssen oder eine komplexe Aufgabe zu erfüllen haben? Das Modell der **Vase** kann eine Antwort geben.

Man stelle sich vor, eine leere Vase vor sich zu haben. Daneben liegen verschiedene Materialien. Sand, Kieselsteine, eine Giesskanne voll Wasser, ein paar grosse Steine und einige mittelgrosse Steine.

Die Aufgabe besteht darin, möglichst alles Material in der Vase unterzubringen. Wenn die Vase in der richtigen Reihenfolge gefüllt wird, hat alles Platz.

Zuerst müssen die grossen Steine eingefüllt werden. Danach werden die grösseren Lücken mit den mittleren Steinen gefüllt. Anschliessend werden die Kieselsteine, der Sand und zum Schluss das Wasser eingefüllt. Die Reihenfolge ist also von gross nach klein: «Big stones first!» Nur so geht kein Raum verloren.

Bezogen auf die Projektarbeit bedeutet dies: Wenn wir uns bei der Planung eines Projektes zu Beginn mit den Details beschäftigen (also zuerst das Wasser oder den Sand in die Vase füllen), laufen wir Gefahr, wichtige Teile zu vernachlässigen oder sogar zu vergessen (einiges wird nicht in die Vase passen). Mit grösster Wahrscheinlichkeit werden wir durch diese Vorgehensweise zusätzlich in Zeitnot geraten.

Bezogen auf die Führung: Das Modell Vase kann sinnbildlich auch die Aufgabenverteilung innerhalb einer Organisation darstellen. Aus der Sicht der Generalversammlung und des Verwaltungsrates sollte Folgendes zutreffen:

- Die Geschäftsleitung setzt die grossen Steine.
- Die Abteilungsleiterinnen und -leiter sind für die mittleren Steine zuständig.
- Die Teamleiter füllen die Kieselsteine ein.
- Die Mitarbeitenden den Sand und das Wasser.

Selbstverständlich haben die Mitarbeitenden auf ihren jeweiligen Stufen wiederum ihre eigenen grossen und mittelgrossen Steine, ihre Kieselsteine sowie ihren Sand und ihr Wasser.

Das Eisenhower-Prinzip

Die Kunst beim Zeitmanagement ist es,
Wichtiges von Unwichtigem zu trennen und Dringendes
gegenüber Nichtdringendem richtig zu priorisieren.
Dwight D. Eisenhower (US-Präsident)

Mit Hilfe des Eisenhower-Prinzips lassen sich die zu erledigenden Aufgaben nach ihrer Dringlichkeit und Wichtigkeit einteilen sowie nach Priorität gliedern. Das Modell gilt als Basis des Zeitmanagements. Man erhält für jede Aufgabe eine Handlungsanweisung.

Das Eisenhower-Prinzip ist insbesondere dann hilfreich, wenn schnell entschieden werden muss, welche Tätigkeit Vorrang hat.

Anhand der Faktoren Wichtigkeit und Dringlichkeit ergeben sich vier Stufen der Priorität:
- wichtig und dringend
- wichtig, aber nicht dringend
- nicht wichtig, aber dringend
- weder wichtig noch dringend

Daraus ergeben sich folgende Prioritäten:
- **Wichtig und dringend**: Diesen Aufgaben gebührt die grösste Aufmerksamkeit. Sie sind unverzüglich selbst zu bearbeiten.
- **Wichtig, aber nicht dringend**: Diese Aufgaben zwingen nicht zum sofortigen Bearbeiten, sind aber so wichtig, dass sie in die Planung aufzunehmen sind. Man darf sie nicht aus den Augen verlieren.
- **Nicht wichtig, aber dringend**: Solche Aufgaben kann man, falls man unter Druck steht, an kompetente Mitarbeitende delegieren. Hat man Zeit, kann man sie nach Erledigung der wichtigen und dringenden Aufgaben auch selbst bearbeiten.
- **Weder wichtig noch dringend**: Mit solchen Aufgaben soll keine Zeit verschwendet werden. Man kann sie dem Papierkorb übergeben, um Zeit für die wichtigen Aufgaben zu haben.

Präsident Eisenhower hat mit dieser Methode seine Arbeit und sein Zeitmanagement sehr erfolgreich organisiert. Sie erlaubt, die anstehenden Aufgaben rasch zu ordnen und zu priorisieren und auf einfache Art und Weise das Big Picture (die Übersicht) zu erhalten.

Leistungsfähigkeit und Motivation

Erfolg hat nur, wer etwas tut, während er
auf den Erfolg wartet.
Thomas Alva Edison (Erfinder und Unternehmer)

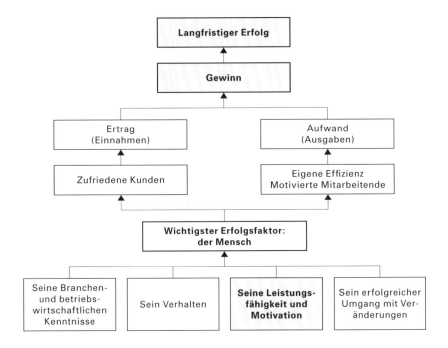

Etwas leisten macht glücklich

Auf einem Berggipfel hält sich der Mensch für ein Wesen,
dessen Lebensspanne zeitlos ist, dessen geistiger
Horizont prachtvoll und über jede Vorstellung erhaben ist,
dessen Geburt, dessen Tod zufällige Meilensteine auf
einem wunderbaren Weg ohne Anfang und Ende sind.
Frank Smythe (Bergsteiger)

Wir sind vor allem dann wirklich glücklich, wenn wir etwas erarbeitet, etwas geleistet haben. Ein angestrebtes Ziel zu erreichen, gibt uns das Gefühl echter Befriedigung. Wenn man dabei auf die innere Stimme hört, die einem sagt, ob dieses Ziel ethisch vertretbar ist, kann man das Glück in vollen Zügen geniessen.

Eine Leistung kann auf irgendeinem Gebiet erbracht werden, im privaten Bereich, im Beruf, in der Politik, im Kulturellen oder im Sport:

- Der Bergsteiger hat ein Glücksgefühl, wenn er im Schweisse seines Angesichts den Gipfel erreicht.
- Der Sportler hat ein Glücksgefühl, wenn es ihm gelingt, seine Gegner im fairen Wettkampf zu bezwingen.
- Die Krankenschwester hat ein Glücksgefühl, wenn es ihr gelingt, Patienten zu trösten und deren Schmerzen zu lindern.
- Der Manager hat ein Glücksgefühl, wenn er die gesteckten Ziele erreicht und dadurch mithilft, die Zukunft seines Unternehmens zu sichern.
- Der Meditierende hat ein Glücksgefühl, wenn er sich von seinen Gedanken loslösen und die Grenzen seines Ichs erweitern kann.

Ständig an sich arbeiten, immer wieder versuchen, in der persönlichen Entwicklung einen Schritt weiterzukommen, vor Herausforderungen und Problemen nicht zurückschrecken, sich selbst und seine Aktivitäten von Zeit zu Zeit in Frage stellen, Respekt vor zu grosser Selbstsicherheit haben: Dies können Schlüsselaspekte für persönliches Glück sein.

Leistung spielt nicht nur bei der Suche nach dem eigenen Glück eine wichtige Rolle, sondern auch bei der Gestaltung einer lebenswerten Zukunft für alle. Wir leben in einer turbulenten Zeit. Um die Herausforderungen der Zukunft sowohl im persönlichen als auch im wirtschaftlichen, ökologischen und sozialen Bereich meistern zu können, müssen wir die entscheidenden Erfolgsfaktoren kennen. Nebst dem vorgängig beschriebenen Verhalten spielen dabei ohne Zweifel unsere Leistungsfähigkeit und Motivation eine grosse Rolle. Dessen sollte sich die kommende Führungsgeneration, sei es bezüglich ihrer zukünftigen Rolle in der Wirtschaft oder als Eltern der übernächsten Generation, bewusst sein.

Wir werden in allen denkbaren Bereichen (Politik, Wissenschaft, Wirtschaft, Ökologie) auf tiefgreifende Neuerungen angewiesen sein. Probleme wie die Gefährdung der Umwelt, die Bevölkerungsexplosion, die Verknappung der Ressourcen usw. lassen sich nur mit ausserordentlichen Leistungen bewältigen.

Die wichtigste Voraussetzung, um überdurchschnittliche Leistungen zu erbringen, ist das Handeln aus eigener Initiative. Die Bedeutung von Leistungswille und Leistungsfähigkeit muss vermehrt betont werden. Speziell der Jugend sollten wir die Möglichkeit geben, sich diese Fähigkeiten anzueignen und sie in spielerischer Form zu üben. Lehrerinnen und Lehrer können ihre Schüler gezielt und konsequent zum kreativen Handeln anregen und aus eigener Initiative erbrachte Leistungen vorbehaltlos anerkennen und loben.

Die Rolle des Sports

Ein richtig verstandener und ausgeübter Leistungssport kann im Rahmen der Förderung der Leistungsbereitschaft und der Leistungsfähigkeit der Jugend eine entscheidende Rolle spielen. Es gibt keine andere, geeignetere Alternative, um in unseren Kindern den Wunsch nach dem Erbringen von Leistung zu wecken. Die Kinder wollen spielen, sich körperlich betätigen, sich aneinander messen. Für sportliche Leistungen lassen sie sich oft mehr begeistern als für den Einsatz in anderen Bereichen.

In einer immer komplexer werdenden Welt ist der Sport so etwas wie eine Oase, wo wirkliches Handeln aus eigener Initiative zum messbaren und fühlbaren Erfolg führt. Die echte sportliche Leistung kann, wie der berühmte deutsche Ruderprofessor Karl Adam gesagt hat, als wichtiges Symbol eines aktiven, engagierten Lebens angesehen werden. Wenn man zudem weiss, dass die Struktur der Leistung in allen Bereichen (auch ausserhalb des Sports) die gleiche ist, lässt sich das Leistungsverhalten eines Menschen im Sport als Modell für sein Leistungsverhalten überhaupt verwenden. Der Sport stellt ein erzieherisch wichtiges und – wegen der spielerischen Ausübung – für die Jugend leicht zugängliches Hilfsmittel dar, um die Leistungsbereitschaft und das Leistungsvermögen zu wecken und zu entwickeln. Wie jede andere Fähigkeit sollte auch diejenige, Überdurchschnittliches leisten zu wollen, in jungen Jahren geweckt, trainiert und weiterentwickelt werden.

Begeisterungsfähigkeit und motiviertes Handeln lassen sich weder mit behördlichen Erlassen noch mit Verfügungen erzwingen. Die beste Möglichkeit, jemanden dazu zu animieren, sein Bestes zu geben, ist, mit dem eigenen Beispiel voranzugehen. In dieser Hinsicht hat der oft gescholtene Spitzensport seine Berechtigung, animiert er doch unsere Jugend, sich an die eigene Leistungsgrenze heranzutasten.

Der Sport kann unserer Gesellschaft etwas sehr Wertvolles bieten. Die sportliche Leistung wird von einzelnen Menschen erbracht. Sie erlaubt dem Individuum, seine eigene Persönlichkeit zu entdecken und zu entwickeln. Ein weiterer positiver Faktor ist die Tatsache, dass echte Leistungen nicht erschlichen und auch nicht vorgetäuscht werden können. Es geht dabei um fairen, ohne Verwendung unerlaubter Mittel praktizierten Leistungssport (ohne Doping und ohne übertriebene Kommerzialisierung).

Im fairen und sinnvoll betriebenen Leistungssport kann man Leistung weder delegieren noch abschreiben. Die Leistung ist einfach zu verstehen, sie wird sichtbar inszeniert und fasziniert in der Regel weit über die sprachlichen, kulturellen und sozialen Grenzen hinaus.

Der Begriff Leistung wird in unserer Gesellschaft oft missverstanden und falsch interpretiert. Unsere Gesellschaft wird als Leistungsgesellschaft bezeichnet, das heisst als ungerecht, nicht egalitär, gar rücksichtslos gegenüber Schwächeren. Die Verbindung von Leistung mit solchen Attributen ist meiner Meinung nach fehl am Platz. Leistung ist aus politischer und gesellschaftlicher Sicht wertneutral. Wir sind auf Leistung angewiesen, wenn es darum geht, anvisierte Ziele zu erreichen. Unsere heutige Gesellschaft ist von passivem Konsum und von Hedonismus geprägt. Sie ist eher eine Erfolgs- als eine Leistungsgesellschaft. Das höchste gesellschaftliche Prestige hat oft nicht derjenige, der überdurchschnittliche Leistungen erbringt, sondern derjenige, der sich den höchsten Konsum leisten kann, dies zuweilen bei geringer oder gar keiner Leistung. Es besteht die Gefahr, dass solche Vorbilder für weite Kreise richtungweisend werden. Höchstleistungen in Wirtschaft und Politik, in der Forschung, im ethischen, ökologischen, sozialen und kulturellen Bereich lassen sich mit einer Mentalität, bei der mit möglichst geringem Aufwand möglichst viel herausgeholt werden soll, nicht erreichen. Wir müssen verhindern, dass in unserer Gesellschaft eine grosse Zahl von «Nutzniessern» einer geringen Zahl von leistungsbewussten Menschen gegenübersteht. Diese Argumente bilden die Basis für eine uneingeschränkte Befürwortung des Leistungsprinzips, immer unter Beachtung der Tatsache, dass es nicht um die absolute Topleistung, sondern um Leistungen geht, die für den einzelnen Menschen im Rahmen des Möglichen liegen. «Aus seinen Talenten das Maximum herausholen» sollte die Devise sein.

Echte Zufriedenheit entsteht in der Zone der Herausforderung

Unsere Gesellschaft kann eine erfolgreiche Zukunft selbst gestalten, auch wenn die Anforderungen weiter wachsen werden. Dies erfordert neben der Fähigkeit zu Teamwork in erster Linie überdurchschnittliche, auf Eigeninitiative beruhende Leistungen – insbesondere auch von Seiten der Führungskräfte.

Wir müssen sicherstellen, dass unsere zukünftige Führungsgeneration bereit ist, die Zone des Komforts zu verlassen und sich freiwillig in die Zone der Herausforderung zu begeben.

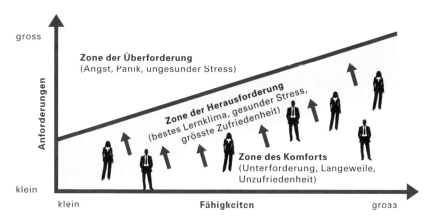

Quelle: Mihaly Csikszentmihaly

Nur wenn jede und jeder sein Bestes gibt, lassen sich die zukünftigen Herausforderungen erfolgreich meistern. Auf der rein persönlichen Ebene besteht zudem die Gefahr, dass man sich in der «Zone des Komforts» auf lange Sicht gar nicht wohl fühlt. Unterforderung kann zu Langeweile oder gar zu Unzufriedenheit führen.

Herausforderungen bieten die Gelegenheit, sich selbst unter Beweis zu stellen. In der Zone der Herausforderung herrscht das beste Klima, um zu lernen und sich zu entwickeln. Man spricht hier von gesundem Stress. Sie haben bestimmt schon erlebt, wie man sich fühlt, wenn man ein hochgestecktes Ziel erreicht. Es ist nicht übertrieben, in derartigen Situationen von einem tiefgreifenden Glücksgefühl zu sprechen. Das ständige Bestreben, sich in die Zone der Herausforderung zu begeben, ist deshalb nicht nur für die Gesellschaft als Ganzes, sondern auch für jeden Einzelnen ein Gewinn.

Natürlich hat auch die Herausforderung ihre Grenzen, nämlich dort, wo man in die Zone der Überforderung gelangt und wo ungesunder Stress, Angst oder gar Panik auftreten.

Begabte fördern statt bremsen

Es wird gelegentlich behauptet, das Fördern von Begabten im Rahmen der Aus- und Weiterbildung sei sozial ungerecht. Doch das Bremsen der Talentierten, mit dem Ziel, dadurch die weniger Begabten besser aussehen zu lassen, bringt niemandem einen Vorteil, auch

der Gesellschaft nicht. Die Begabten bleiben unterfordert und unzu-
frieden, die weniger Begabten sind deshalb nicht glücklicher. Un-
bestreitbar ist aber, dass der Gesellschaft dadurch ein wertvolles
Potenzial verloren geht.

Die Herausforderung muss darin bestehen, jeden einzelnen Menschen optimal zu unterstützen, damit er den seinen Fähigkeiten entsprechenden Platz in der Gesellschaft findet. Jede und jeder soll sich
in seine Zone der Herausforderung begeben.

Die Unterstützung am richtigen Ort

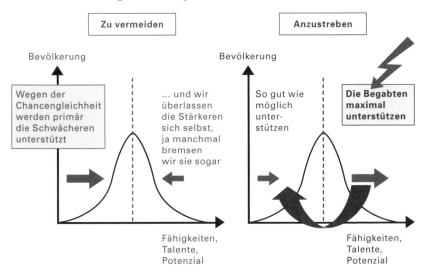

Dies gibt uns die Lokomotiven,
die uns weiterbringen und uns
ermöglichen, den Schwächeren
zu helfen.

Motivation – ein Schlüssel zum Erfolg

Egal, was du tust, tue es mit Leidenschaft und Hingabe.

Viele unter uns stellen sich hin und wieder die Frage, was erfolgreiche Menschen charakterisiert oder wann und warum Menschen Erfolg haben. Hier eine Liste einiger prägnanter Eigenschaften:
Erfolgreiche Menschen

– geben niemals auf, versuchen es immer wieder;
– handeln nach dem Prinzip «Jetzt erst recht» und lassen sich nicht von Schwierigkeiten entmutigen;
– kennen die Macht der Motivation, der Begeisterungsfähigkeit;
– haben keine Angst vor Fehlern;
– suchen immer neue Möglichkeiten, um Herausforderungen zu bewältigen und Probleme zu lösen;
– setzen sich unter Druck;
– verfügen über die Fähigkeit zu träumen;
– kennen ihren Selbstwert;
– lieben ihr Tun, ihre Arbeit und sind von ihren Zielen fasziniert;
– planen ihre Aktivitäten und warten nicht passiv, bis etwas geschieht.

Zu diesem Thema gibt es auch einige Zitate berühmter Persönlichkeiten:

«Behandle die Idee, als sei sie möglich!» (Johann Wolfgang von Goethe)

«Ihr sehet und sagt: Warum? Ich aber träume und sage: Warum nicht?» (Johann Wolfgang von Goethe)

«Damit das Mögliche entsteht, muss immer wieder das Unmögliche versucht werden.» (Hermann Hesse)

«Es gibt keine unmöglichen Träume, beschränkt ist nur unsere Wahrnehmung des Möglichen.» (mir unbekannt)

«Das Endziel des Lebens ist nicht wissen, sondern handeln.» (Henry Ford)

«Der schlimmste Weg, den man wählen kann, ist, keinen zu wählen.» (Friedrich II.)

«Wer heute einen Gedanken sät, erntet morgen die Tat, übermorgen die Gewohnheit, danach den Charakter und schliesslich sein Schicksal.» (Gottfried Keller)

«Der Mensch ist die Summe dessen, was er während des Tages denkt.» (Ralph Waldo Emerson)

«Nicht alles, womit man konfrontiert wird, lässt sich ändern. Aber nichts lässt sich ändern, solange man sich nicht damit konfrontiert.» (James Baldwin)

«Das Haar, das man in der Suppe findet, stammt oft vom eigenen Kopf.» (Thomas Romanus Bökelmann)

Noch ein Beispiel aus der Natur:

Die Hummel hat 0,7 cm² Flügelfläche und ein Gewicht von 1,2 Gramm. Nach den bekannten Gesetzen der Aerodynamik ist es unmöglich, mit diesem Verhältnis zu fliegen. Die Hummel weiss das nicht und fliegt einfach. Quintessenz: Wer sagt: «Ich kann nicht», setzt sich selbst Grenzen, die vielleicht gar nicht da sind.

Konklusion

Erfolgreiche Menschen werden nicht durch äussere Umstände erfolgreich. Erfolgreich wird, wer an sich glaubt, sich Ziele setzt, entsprechend plant und, ganz besonders, wer sich selbst und andere begeistern kann. Daraus lassen sich folgende Behauptungen ableiten:

Behauptung 1: Optimistische Menschen haben weit bessere Chancen, erfolgreich zu sein, als pessimistische.

Behauptung 2: Wer für etwas ist – und nicht gegen etwas ankämpft –, hat weit grössere Chancen auf Erfolg.

Behauptung 3: Nichts ist für das Gemeinwohl, das heisst für unsere Gesellschaft, fataler als eine grosse Zahl entmutigter Menschen, die keinen Glauben oder keine Hoffnung mehr haben.

Behauptung 4: Das konstante Analysieren von bestehenden und möglichen Problemen, die Abschätzung aller möglichen Risiken, das Ausmalen von Katastrophenszenarien kann dazu führen, dass keine Energie für den Blick nach vorn, in eine hoffnungsvolle Zukunft, übrig bleibt. Dazu ein Beispiel aus der Geschichte, das zeigt, wie wir uns heute im Detail verlieren können:

> Die Verfasser der 10 Gebote des Alten Testaments sind noch mit 279 Wörtern ausgekommen. Damit wurde alles begründet, was wir für eine christliche Lebensführung brauchen. Die amerikanische Unabhängigkeitserklärung, die Grundlage der meisten westlichen Demokratien, umfasst 1500 Worte. Die EU-Richtlinie für den Verkauf von Caramel-Bonbons umfasst 25 000 Worte.

Diese Beamten-Vollkasko-Mentalität wirkt demotivierend.

Behauptung 5: Die Fähigkeit, sich selbst und andere zu begeistern, ist eine der wichtigsten Voraussetzungen, um erfolgreich zu sein. Diese Fähigkeit ist nicht gottgegeben. Man kann sie sich aneignen, man kann sie trainieren. Entscheidend ist die Einsicht, dass letztlich jeder von uns seines eigenen Glückes Schmied ist.

Wir sollten versuchen, uns zu erinnern: Wie fühlte es sich an, als wir von einer Idee begeistert, ja besessen waren? Die Antwort liegt auf der Hand: Begeisterung erfüllt uns mit einem Glücksgefühl, sie vertieft unser Selbstbewusstsein, macht Mut, gibt Kraft und macht uns erfolgreich.

Hier einige Hinweise, wie Sie sich und andere begeistern können:
- Geben Sie sich positiv und liebenswürdig.
- Strahlen Sie Verständnis und Toleranz aus.
- Reagieren Sie mit Humor.
- Streiten Sie nicht, auch wenn Sie anderer Meinung sind
- Gewinnen Sie allem die beste Seite ab.
- Überbringen Sie keine negativen Botschaften.
- Hören Sie immer mit Begeisterung zu.
- Vergessen Sie nie zu danken. Dank ist die beste Investition in Ihre Mitmenschen – und in Ihre eigene Zukunft. Ehrlicher Dank ist bes-

ser als jedes Geschenk. Wer dankbar ist, bleibt unvergessen. Mit aufrichtiger Dankbarkeit zeigen Sie menschliche Grösse. Durch Dank machen Sie Ihre Mitmenschen zu «Wiederholungstätern».

Auf das Unternehmen übertragen, gelten als Aufsteller Grosszügigkeit, Eigenverantwortung, Lob, «toll, machen wir», offene Worte und als Ablöscher Pedanterie, Kontrollfetischismus, Herumkritisieren, «das kann nicht funktionieren», Memos, Intrigen.

Die Zukunft gehört nicht den ewig Unzufriedenen, denen, die nur von andern fordern. Die Zukunft gehört den Begeisterungsfähigen, den Leistungswilligen, den Selbstständigen, denen, die sich und andere begeistern können, die Selbsthilfe an erste Stelle stellen, die anderen Leistungswilligen etwas gönnen, die schätzen, was sie haben.

Die Zukunft gehört denen, die wissen, dass das Wohl der Gemeinschaft weitgehend mit dem eigenen Wohl identisch ist. Es lohnt sich, optimistisch, begeisterungsfähig und begeisternd zu sein.

Wer hat schon einen erfolgreichen Manager, Politiker oder Sportler getroffen, der pessimistisch, rückwärtsblickend und ohne Begeisterung durch das Leben geht?

Das Motivationsdreieck

«Ich will, ich kann, ich habe» und, umfassend,
«ich werde unterstützt».

Anhand eines von der Stucki Leadership & Teambuilding AG entwickelten Modells lassen sich die Grundvoraussetzungen für die eigene Motivation, und damit für das optimale Ausschöpfen des eigenen Leistungspotenzials, bildlich darstellen:

Drei dieser vier Faktoren können wir selbst beeinflussen. Sind wir in der Lage, dies in positivem Sinne zu tun, sollte dem Ausschöpfen unseres Leistungspotenzials nichts im Wege stehen.

Ich kann (Herausforderung): Die mir übertragene Arbeit soll herausfordernd sein. Ich kann die mir übertragenen Aufgaben gut bewältigen und fühle mich dabei weder über- noch unterfordert.

Ich habe (Mittel): Ich bringe alles mit, um die mir anvertrauten Aufgaben erfolgreich zu bewältigen. Das nötige Fachwissen habe ich mir in meiner Ausbildung angeeignet. Auch wird mir das nötige Budget zur Verfügung gestellt. Ich habe also alle Mittel zur Verfügung, um meine Arbeit erfolgreich und mit grosser Motivation zu verrichten.

Ich will (Sinn): Damit ich meine Arbeit mit nachhaltigem Erfolg ausführen kann, muss ich mir im Klaren sein, wieso ich diese Arbeit überhaupt mache. Die Sinnfrage muss geklärt sein. Ich weiss, weshalb ich in dieser Branche und in dieser Position tätig bin und sein will. Man muss spüren, dass ich die Herausforderungen mit Freude und Begeisterung annehme und dass ich mich vollumfänglich mit dem Unternehmen und mit meiner Arbeit identifiziere.

Der vierte Motivationsfaktor, **Klima/Kultur – ich werde unterstützt**. ist übergeordnet und lässt sich nur bedingt durch eine einzelne Person beeinflussen. Es geht um die vorherrschende Firmenkultur und um das Arbeitsklima im Unternehmen. Die Frage ist, ob ich bei der Erfüllung meiner Aufgaben von meinem Umfeld optimal unterstützt werde oder ob ich mich behindert oder gar bekämpft fühle. Herrscht in meinem Team, in meiner Abteilung und im Unternehmen eine Vertrauens- und Feedback-Kultur, in der ich mich wohl fühle? Um in meiner Arbeit bestmöglich unterstützt zu sein, muss ich auch diese Frage mit einem klaren Ja beantworten können.

Wie lässt sich beurteilen, ob eine Unternehmenskultur unterstützend oder behindernd wirkt? In vielen Fällen gibt die Art und Weise, wie sich die Mitarbeitenden verhalten und unterhalten, eine Antwort. Als Beispiel: Wie werden Witze erzählt? Wird über sich selbst oder über andere gelacht? Sind die Witze eher selbstkritisch oder sarkastisch?

Der entscheidende Faktor bleibt aber die Sinngebung. Es ist wichtig, sicherzustellen, dass möglichst alle Mitarbeitenden den Sinn des Tuns innerhalb des Unternehmens kennen und dass sie damit einverstanden sind. Leider wird oft versucht, Mitarbeitende, die mit Motivationsschwierigkeiten kämpfen, durch zusätzliche Mittel (Zeit, Geld usw.) zu motivieren und zu unterstützen, was in der Regel nicht zum erhofften Erfolg führt.

Der erfolgreiche Umgang mit Veränderungen

Wir müssen lernen, Veränderungen nicht nur
zu ertragen, sondern sie zu lieben.
Tom Peters (Management-Erfolgsautor)

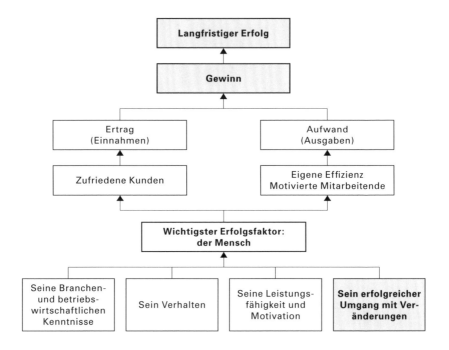

Wir leben in einer Zeit, in der sich praktisch alles immer schneller verändert. Dadurch wird das Extrapolieren der Vergangenheit in die Zukunft – ein Vorgehen, das früher nicht selten zum Erfolg geführt hat – fraglicher und kurzlebiger.

Anlässlich eines Diskurses über Betriebsführung am Davoser Wirtschaftsforum 1995 herrschte Einigkeit in einem Punkt: In allen Phasen der Konjunktur ist der Faktor Veränderung präsent. Die Forderung nach Wandel wurde von vielen Rednern geäussert. Lewis Platt, der damalige Vorsitzende des Computerkonzerns Hewlett-Packard, hat es deutlich formuliert: «Die Rezepte, die einem Unternehmen gestern zum Erfolg verholfen haben, garantieren ihm morgen den Misserfolg.» Er sah deshalb seine Hauptaufgabe darin, den Zwang zum Wandel von Produkten, Dienstleistungen und Prozessen so dramatisch wie möglich darzustellen und seine Mitarbeitenden diesbezüglich aufzurütteln, was ihm in Anbetracht des sinkenden Aktienkurses von Hewlett-Packard nicht gelungen ist.

Mit dem Aufrütteln allein ist es offenbar nicht getan. Finden Veränderungen nur statt, wenn sie entweder befohlen werden, oder wenn das Verbleiben im Ist-Zustand unerträglich geworden ist, geht zu viel Energie verloren.

Der Umgang mit Veränderungen ist deshalb ein fundamentaler Erfolgsfaktor. Je mehr die verantwortlichen Führungskräfte und die Belegschaft über den Vorgang Veränderung wissen, desto besser werden sie verstehen, was eine Veränderung für den einzelnen Menschen und für das Unternehmen als Ganzes bedeutet. Wenn wir verstehen, wie der Mensch auf Veränderungen reagiert, können wir Wege finden, um einen Veränderungsprozess optimal zu gestalten und zu begleiten und vor allem um Veränderungsfrustrationen zu vermeiden. Es geht darum, Antworten auf folgende Fragen zu finden:

Wie können wir als Einzelperson erfolgreich mit Veränderungen umgehen?

Wie muss sich ein Unternehmen verhalten, um von einer Veränderung zu profitieren und nicht an ihr zu scheitern?

Auf welchen Ebenen erleben wir Veränderungen?

Grundsätzlich werden wir auf drei Ebenen mit Veränderungen konfrontiert:

Auf der **Makro-Ebene**: Diese Veränderungen betreffen die Menschheit als Ganzes, zum Beispiel Veränderungen in der Gesellschaft, in der Politik, in der Wirtschaft oder in der Umwelt.

Auf der **organisatorischen Ebene**: Darunter sind Veränderungen in Institutionen zu verstehen, die das Leben des Einzelnen beeinflussen, zum Beispiel Veränderungen am Arbeitsplatz, in der Schule, im Verein oder in der Gemeinde.

Auf der **Mikro-Ebene**: Hier sprechen wir von Veränderungen, die den einzelnen Menschen unmittelbar betreffen, zum Beispiel Veränderungen in der eigenen Familie, im Verwandten- oder Freundeskreis.

Der Mensch fühlt sich dann am sichersten, wenn sich für ihn nichts ändert. Der Status quo gibt uns das Gefühl von Vertrautheit, Kontrolle und Sicherheit. Veränderungen verunsichern, machen uns vorsichtig, vielleicht sogar ängstlich.

Jeder Mensch hat, wenn man sein Empfinden in Punkte umrechnen würde, eine gewisse Anzahl von sogenannten Bewältigungspunkten zur Verfügung, um mit Veränderungen umzugehen. Deren Zahl ist je nach Individuum verschieden. Bereits kleinere Veränderungen können jemanden mit wenig Bewältigungsfähigkeit aus der Bahn werfen, während robustere Personen selbst grosse Veränderungen problemlos meistern.

Eines ist jedoch bei allen Menschen gleich: Veränderungen auf der Mikro-Ebene verbrauchen am meisten Bewältigungspunkte, etwas weniger werden auf der organisatorischen Ebene verbraucht und noch weniger auf der Makro-Ebene.

Jeder Mensch erreicht irgendwann die Grenze seiner Belastbarkeit. Wenn sich die Bewältigungspunkte auf der Mikro-Ebene, auf der

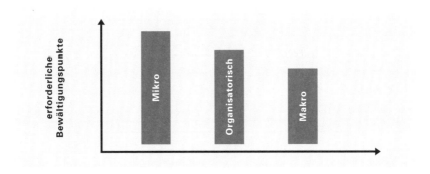

organisatorischen Ebene und schliesslich auch noch auf der Makro-Ebene zu einer Zahl summieren, die über der Grenze der Belastbarkeit liegt, wird eine nach aussen sichtbare Reaktion mit grosser Wahrscheinlichkeit eintreffen.

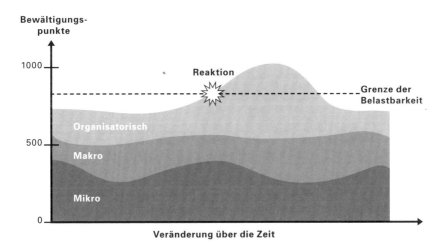

Je nach Individuum kann diese Reaktion verschieden ausfallen:
– Gefühl der Unzulänglichkeit
– Unbehagen
– Hoffnungslosigkeit
– Besorgnis
– Angst
– Konflikt

Das damit zusammenhängende Verhalten kann sich unterschiedlich manifestieren:

– Kurze Irritation *Schwache Ausprägung*
– Frustration
– Leistungseinbusse
– Schuldzuweisung
– Widerstand
– Sabotage
– Alkohol-/Drogenmissbrauch
– Zusammenbruch/«Burnout»
– Gewalt
– Selbstmord *Starke Ausprägung*

Was verändert sich eigentlich?

Veränderungen können in unserer schnelllebigen Zeit in vielen Bereichen auftreten. Je nach Tempo oder Art der Veränderung müssen innerhalb eines Unternehmens unterschiedliche Massnahmen ergriffen werden – von einer partiellen Prozessverbesserung bis zum Extremfall einer kompletten Prozesserneuerung. Die nachfolgende Abbildung zeigt die Arten von Veränderungen im taktischen und strategischen Bereich, die kurz- oder langfristig vorzunehmen sind.

		Tempo der Veränderung	
		kurzfristig	**langfristig**
Grad der Veränderung	taktisch	partielle Prozess-verbesserung	kontinuierliche Prozess-verbesserung
	strategisch	Restrukturierung/ Fusion	Prozessneugestaltung

Bezüglich der asiatischen (Japan, China usw.) und unserer westlichen Auffassung, wie eine effiziente Unternehmensführung in Bezug auf Innovation, als Beispiel eines proaktiven Umgangs mit Veränderungen, funktionieren soll, besteht ein wesentlicher Unterschied.

Die westliche Auffassung

Managementebene	Aufgaben und Verantwortung		
Top-management			Innovation Breakthrough
Mittleres Management	Sicherung und Einhaltung der gegenwärtigen Situation		
Meister, Vorarbeiter			
Werker, Mitarbeiter			
	0%	50%	100%

Nur wenige Mitarbeitende im Unternehmen befassen sich mit Innovation. Der grosse Teil beschäftigt sich primär mit der Sicherung des Ist-Zustandes.

Asiatische Wirtschaftsführer sind anderer Meinung. Der zunehmend schnelleren Entwicklung der Märkte begegnen sie mit einer breiteren Verteilung von Verantwortung und Aufgaben innerhalb des Unternehmens. Sie sind überzeugt, dass sich die neu auftretenden Herausforderungen nur durch das Ausschöpfen des gesamten im Unternehmen vorhandenen menschlichen Potenzials bewältigen lassen. Sie wollen das gesamte vorhandene Wissen und Können zur Verfügung haben.

Die asiatische Auffassung

Managementebene	Aufgaben und Verantwortung		
Top-management			Innovation Breakthrough
Mittleres Management		Verbesserung (Kaizen) der Situation	
Meister, Vorarbeiter	Sicherung und Einhaltung der gegenwärtigen Situation		
Werker, Mitarbeiter			
	0%	50%	100%

Die Quintessenz der asiatischen Auffassung ist, dass sich das Topmanagement fast ausschliesslich um die Innovation und die ständige Verbesserung der aktuellen Situation zu kümmern hat. Zudem soll selbst auf der Stufe der Gruppenführung noch knapp die Hälfte der Arbeitszeit und auf der untersten Stufe ebenfalls ein respektabler Teil davon für die kontinuierliche Verbesserung eingesetzt werden.

Im Vergleich dazu kümmert sich im Westen selbst das Topmanagement zu einem grossen Teil um die Sicherung und die Erhaltung des Ist-Zustandes. Die untersten beiden Stufen der Hierarchie tun praktisch nur das. Der Umgang mit einer nicht zu verhindernden Veränderung stellt deshalb für westliche Unternehmen eine schwierigere Herausforderung dar als für die Asiaten. Durch die Involvierung aller Mitarbeitenden in die kontinuierliche Verbesserung und in die Innovation meistern Letztere Veränderungssituationen eleganter und einfacher. Die asiatische Auffassung hat im Vergleich zur westlichen eine andere Einstellung der Vorgesetzten gegenüber den Mitarbeitenden zur Folge. Man traut Letzteren auf allen hierarchischen Stufen zu, zu verbessern, zu innovieren und damit laufend zu verändern.

Wie reagieren wir als Einzelpersonen auf Veränderungen?

Konfrontiert mit einer Veränderung, durchläuft jeder Mensch Schwankungen in seinem emotionalen Empfinden. Grund dafür ist, dass eine Veränderung zu einem Verlust an Kontrolle, zu Unsicherheit und zu Selbstzweifeln führen kann. Vertraute Verhaltensmuster greifen nicht mehr. Die Sicherheit und das Selbstbewusstsein, die im Ist-Zustand vorhanden waren, gehen verloren. Dabei spielt es keine Rolle, ob eine Veränderung vom Betroffenen positiv oder negativ empfunden wird.

Positive Veränderungen, zum Beispiel eine Beförderung, eine neue Stelle, eine Heirat oder das Gewinnen eines grossen Loses, verändern den Ist-Zustand genauso nachhaltig wie der Verlust der Stelle, eine Scheidung, eine Krankheit oder ein Todesfall.

Emotionale Reaktion des Menschen auf eine positiv wahrgenommene Veränderung

Uninformierter Optimismus kennzeichnet die Stimmung zu Beginn einer positiv empfundenen Veränderung. Man verspricht sich viel von der neuen Herausforderung, von der neuen Organisation im Unternehmen, von vereinfachten Prozessen usw. Man glaubt, die wichtigsten Hemmnisse auf dem Weg zum Ziel zu kennen, und geht das Projekt mit viel Enthusiasmus an.

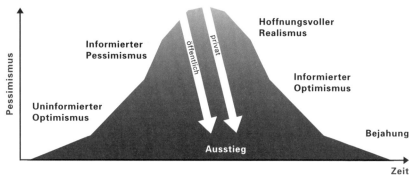

Mit fortschreitender Projektdauer treten immer mehr unerwartete Probleme auf. Die anfängliche Euphorie macht informiertem Pessimismus Platz. Werden die Probleme zu gross, die Kosten höher als erwartet oder der Widerstand bedrohlich, besteht die Gefahr, dass das Projekt abgebrochen wird. Es kann ein Ausstieg erfolgen.

Der Versuchung, aus dem Projekt auszusteigen, zu widerstehen, erfordert viel Beharrlichkeit und Vertrauen in die eigenen Fähigkeiten sowie die volle Überzeugung, dass die Veränderung notwendig ist. Gelingt es, die vielfältigen Probleme zu lösen, weicht der informierte Pessimismus allmählich einem hoffnungsvollen Realismus. Die Zuversicht, das Projekt zum Abschluss zu bringen, wächst. Der hoffnungsvolle Realismus wandelt sich zu einem auf konkreten Ergebnissen basierenden informierten Optimismus. Die Projektziele werden erreicht, der Aufwand hat sich gelohnt, die Veränderung wird akzeptiert. Entsprechend gross ist die Bejahung und damit die Zufriedenheit.

Emotionale Reaktion des Menschen auf eine negativ wahrgenommene Veränderung

Ganz anders zeigt sich das Reaktionsmuster bei einer negativ wahrgenommenen Veränderung, zum Beispiel bei einer unerwarteten Entlassung. Schock und Gelähmtheit ist gewöhnlich die erste Reaktion. Die Veränderung kann von der betroffenen Person in ihrer letzten Konsequenz noch gar nicht richtig erfasst werden.

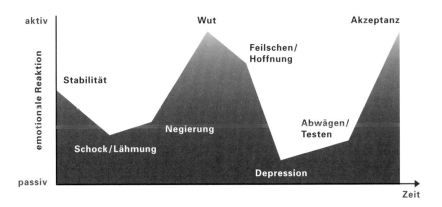

Auf den Schock folgt in der Regel die Negierung: «Das kann doch nicht wahr sein. Es muss sich um einen Irrtum handeln.» Nur allmählich wird die Veränderung zur Gewissheit. Der Betroffene reagiert mit Wut: «Was fällt denen eigentlich ein. Mit mir können sie das nicht machen!»

Darauf folgt gewöhnlich eine Phase des Feilschens und der Hoffnung: «Kann man wirklich nicht nochmals darüber reden? Sicher liesse sich eine andere Lösung finden.»

Führt das Feilschen für den Betroffenen nicht zum erwarteten Erfolg, besteht die Gefahr, dass er in eine Depression fällt. Dies ist eine verständliche Reaktion.

Wenn die Aussichtslosigkeit des Sichwidersetzens zur Gewissheit wird, beginnt ein Abwägen der Vor- und Nachteile der neuen Situation, was schliesslich zur Akzeptanz der Veränderung führen kann.

Die soeben beschriebenen Schwankungen im Gemütszustand manifestieren sich in mehr oder weniger ausgeprägter Form. Der Verlauf ist aber immer in etwa gleich.

Im Umgang mit Menschen, die einer Veränderung gegenüberstehen, ist es deshalb wichtig, zu beachten, in welcher Phase des Gemütszustandes sich die betreffende Person zu einem bestimmten Zeitpunkt befindet. So kann man zur richtigen Zeit die richtigen Worte wählen und wesentlich dazu beitragen, dass sich der Veränderungsprozess in der bestmöglichen Form bewältigen lässt.

In der Phase des Schocks oder der Lähmung muss man anders mit der betroffenen Person umgehen als in der Phase der Negierung oder der Wut. Befindet sich diese in der Phase der Wut, darf man ruhig laut und dezidiert reagieren, nicht aber, wenn sie sich im Schockzustand oder in der Depression befindet. In diesen Phasen sollte man mit ihr aufmunternd, hilfsbereit, unterstützend und verständnisvoll umgehen.

Die emotionalen «Ausschläge» lassen sich glätten

Auf die Führung im Unternehmen bezogen, können die richtigen Worte im richtigen Ton zur richtigen Zeit das Risiko einer inneren Kündigung (oder gar einer effektiven Kündigung) von wertvollen Mitarbeitenden wesentlich herabsetzen. Die emotionalen «Ausschläge»

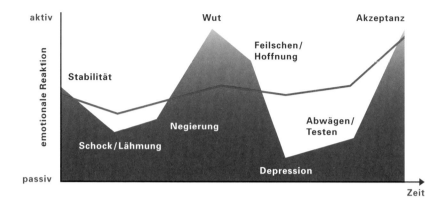

lassen sich durch ein entsprechendes Verhalten gegenüber der betroffenen Person glätten (siehe rote Linie).

Der informierte Pessimismus lässt sich in Grenzen halten

Das Gleiche gilt für die emotionale Reaktion auf positiv wahrgenommene Veränderungen. Eine sachliche Information über zu Erwartendes kann dazu beitragen, dass aus einem uninformierten Optimismus (allzu hohe Erwartungen) nicht ein informierter Pessimismus (allzu grosse Enttäuschung), sondern ein hoffnungsvoller Realismus wird (siehe hellblaue Fläche in untenstehender Abbildung). So kann die Wahrscheinlichkeit der Akzeptanz der zu realisierenden Veränderung erhöht werden.

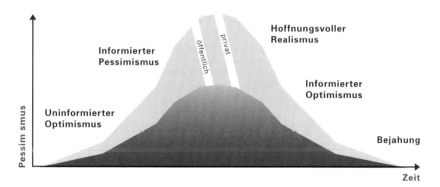

Die Risiken innerhalb eines Veränderungsprozesses

Man kann grundsätzlich zwischen zwei Arten von Risiken unterscheiden:

1. Das Unterschätzen des Aufwandes und der Energie, die es braucht, um sämtliche Phasen eines Veränderungsprozesses erfolgreich zu durchlaufen (Vorbereitung, Akzeptanz, Identifikation).
2. Das Unterschätzen der vielen Ausstiegsmöglichkeiten, das heisst der möglichen Gründe, weshalb der Veränderungsprozess zum Stillstand oder gar zum Abbruch kommen kann. Diese Gründe können von der Unkenntnis der Veränderungsnotwendigkeit über die Konfusion bezüglich des einzuschlagenden Weges bis zum Abbruch aus situativen Gründen in der Identifikationsphase reichen.

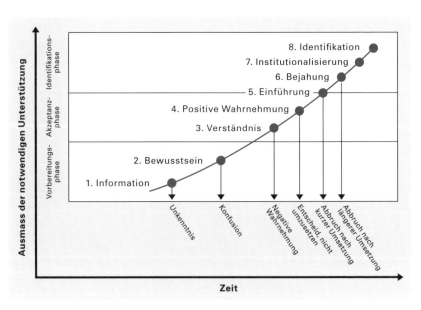

Wer sich dieser Risiken nicht bewusst ist, wird immer wieder mit Überraschungen und Schwierigkeiten konfrontiert. Das Management eines Veränderungsprozesses ist zweifellos eine der schwierigsten

Aufgaben für eine Unternehmensführung. Entscheidend ist, wie der Veränderungsprozess eingeleitet, begleitet und unterstützt wird.

Wenn es gelingt, die notwendigen Voraussetzungen zu schaffen und die Belegschaft einzubeziehen, steigt die Wahrscheinlichkeit der erfolgreichen Bewältigung einer Veränderung beträchtlich.

Vorgesetzte, die sich dessen bewusst sind und entsprechend handeln, werden oft wie folgt beschrieben: «Unser Vorgesetzter findet immer die richtigen Worte zum richtigen Zeitpunkt und unternimmt stets das, was auch aus unserer Sicht getan werden muss.»

Trotz allem braucht jede Veränderung enorm viel Energie und den vorbehaltlosen Einsatz aller Beteiligten, insbesondere der obersten Führung. Wenn irgendwie möglich, möchte der Mensch ohne Veränderungen leben. Es ist deshalb nicht verwunderlich, dass Veränderungsprozesse oft erst dann in Angriff genommen werden, wenn der Leidensdruck beim Verharren im Ist-Zustand zu gross wird. Das Handeln aufgrund von Schmerz bringt jedoch immer Unannehmlichkeiten mit sich. Angesichts der Tatsache, dass sich ein Unternehmen heutzutage ständig irgendwie anpassen, das heisst verändern, muss, sollte es sich intensiv mit der Thematik Veränderung befassen.

Reaktion einer Belegschaft auf eine Veränderung

Betrachtet man nicht nur den einzelnen Menschen, sondern eine ganze Belegschaft, die mit einer Veränderung konfrontiert wird, stellt man fest, dass nicht alle Mitarbeitenden gleich reagieren.

Umfangreiche Untersuchungen zeigen folgendes Bild:

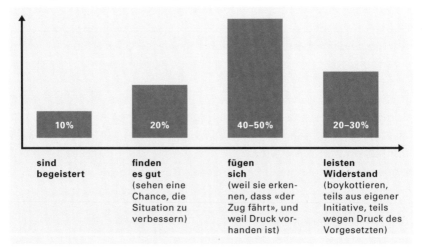

sind begeistert	finden es gut (sehen eine Chance, die Situation zu verbessern)	fügen sich (weil sie erkennen, dass «der Zug fährt», und weil Druck vorhanden ist)	leisten Widerstand (boykottieren, teils aus eigener Initiative, teils wegen Druck des Vorgesetzten)
10%	20%	40–50%	20–30%

Diese Unterschiede machen den Umgang mit einem Veränderungsprozess nicht einfacher. Man muss sich gleichzeitig um Mitarbeitende kümmern, die den Veränderungsprozess begrüssen, um solche, die ihn einfach hinnehmen, und um jene, die Widerstand leisten.

Es ist viel Feinfühligkeit, Flexibilität und Differenziertheit im Umgang mit den betroffenen Personen erforderlich.

Warum misslingen die meisten Veränderungs-vorhaben?

Diese Frage lässt sich aufgrund gemachter Erfahrungen und publizierter Statistiken beantworten: Bei 90 Prozent aller misslungenen Veränderungsvorhaben liegt die Ursache in der Vernachlässigung des Faktors Mitarbeitende.

Es reicht nicht, nur Systeme und Technologien sowie Abläufe und Prozesse zu verändern und einer neuen Situation anzupassen. Ebenso wichtig ist die Anpassung der Menschen an die neue Situation, denn sie müssen die neuen Systeme, Technologien, Abläufe und Prozesse umsetzen.

Die richtige Veränderungsstrategie allein genügt also nicht. Erfolgreich ist man nur, wenn man auch bewusst ein Veränderungs-management (Change-Management) betreibt, das zum Ziel hat, sämtliche Mitarbeitenden auf die neue Situation vorzubereiten und mit ihnen die kritischen Erfolgsfaktoren zu definieren:

	Veränderungsstrategie	
	Falsch	Richtig
Vernachlässigt	Misserfolg	Misserfolg
Bewusst	Misserfolg	Erfolg

Umsetzung (Change-Management)

Gibt es bestimmte Voraussetzungen, um einen Veränderungsprozess erfolgreich zu gestalten?

Allgemein gültige Patentrezepte gibt es nicht und wird es kaum je geben. Gleichwohl kann man aufgrund gemachter Erfahrungen – und durch das Beobachten des Verlaufs von Veränderungsprozessen – gewisse Voraussetzungen formulieren, welche die Wahrscheinlichkeit erhöhen, dass die Veränderung erfolgreich gemeistert wird:

– hundertprozentiges Engagement der obersten Führung
– Qualität und Verständlichkeit der neuen Vision des Unternehmens
– Einbezug und Engagement der Mitarbeitenden
– geringe Differenz zwischen der bestehenden und der angestrebten Unternehmenskultur (das heisst Veränderungen wenn immer möglich in kleinen Schritten vornehmen)
– Übereinstimmen der Führungssysteme (Qualifikationen, Entlöhnung, Beförderung) mit den Zielen der Veränderung
– Fähigkeiten der Projektleiter als Moderatoren
– Qualität der Veränderungsplanung
– Sicherstellen der Schlüsselrollen im Veränderungsprozess:
  • auslösender Sponsor: eine Person oder Gruppe, welche die Macht hat, Veränderungen anzuordnen
  • unterstützender Sponsor: eine Person oder Gruppe, die über die notwendigen Ressourcen verfügt und den betroffenen Mitarbeitenden (= Zielgruppe) nahesteht
  • Projektleiter: Personen, die für die Umsetzung der Veränderung verantwortlich sind
  • Zielgruppe: Gruppe, die sich der Veränderung zu stellen hat

Aus diesen Fakten geht hervor, dass sich Veränderungen nur dann erfolgreich durchführen lassen, wenn sie hierarchisch gesehen **von oben nach unten** durchgeführt werden.

Zudem gibt es deutliche Merkmale erfolgreich durchgeführter Veränderungen:
- Die Ziele der Veränderung und das Vorgehen zu deren Erreichen sind bekannt und akzeptiert.
- Die aufgestellten Kommunikationsregeln werden beachtet.
- Alle Betroffenen beteiligen sich aktiv am Veränderungsprozess.
- Ideen und Gefühle werden frei geäussert.
- Konstruktive Kritik wird ausgesprochen und akzeptiert.
- Abweichende Ansichten werden toleriert.
- Konsens wird angestrebt.
- Alle Beteiligten fühlen sich (mit)verantwortlich.

Neben diesen konkreten Voraussetzungen scheinen die beiden folgenden Aussagen von entscheidender Bedeutung zu sein:
1. Die Vorgesetzten, die Projektleiter sowie die Mitarbeitenden werden die für eine erfolgreiche Bewältigung einer Veränderung notwendigen Fähigkeiten nur dann entwickeln können, wenn eine Atmosphäre des Vertrauens herrscht, in der Initiativen belohnt und nicht Fehler bestraft werden.
2. Das notwendige Potenzial kann nur dann optimal ausgenützt werden, wenn die Vorgesetzten an die Fähigkeiten der Mitarbeitenden glauben.

Es ist deshalb zur erfolgreichen Realisierung von Veränderungsvorhaben wichtig, dass wir unseren Überlegungen und unserem Verhalten jederzeit ein positives Menschenbild zugrunde legen.

Die 8 Phasen eines Veränderungsprozesses
1. Ein Gefühl von Dringlichkeit schaffen
   Markt- und Wettbewerbsrealitäten berücksichtigen. Die Stärken und Schwächen sowie die Chancen und Gefahren für das Unternehmen identifizieren und diskutieren (**SWOT**-Analyse = **S**trengths and **W**eaknesses/**O**portunities and **T**hreats)
2. Ein kompetentes «Change-Team» zusammenstellen
   Das «Change-Team» muss genügend Kraft und die notwendigen Kompetenzen haben, um den Veränderungsprozess erfolgreich

begleiten zu können. Dem Team sollten Vertreter der wichtigen Bereiche und sämtlicher hierarchischer Stufen angehören. Die Führung des «Change-Teams» sollte der Geschäftsführer oder zumindest ein Mitglied der obersten Geschäftsleitung übernehmen.

3. Die neue Vision und die neue Strategie formulieren
   Die Vision sollte den angestrebten neuen Zustand möglichst plausibel umschreiben. Am besten geschieht das bildlich und mit Gleichnissen. Die gewählte Strategie zur schrittweisen Realisierung der Vision ist im Detail festzulegen.

4. Die neue Vision und die neue Strategie für alle verständlich kommunizieren
   Es müssen alle zur Verfügung stehenden Mittel benützt werden, um die neue Vision und die gewählte Strategie zu kommunizieren. Der Fantasie sind keine Grenzen gesetzt. Eine für alle verständliche, der jeweiligen Situation und dem Gefühlszustand der Mitarbeitenden angepasste Kommunikation der relevanten Faktoren ist eine der wichtigsten Voraussetzungen, um die Veränderung erfolgreich zu realisieren.

5. Die Kompetenzen zuteilen und die Massnahmen definieren
   Bestehende Strukturen oder Hürden, die den Veränderungsprozess behindern, müssen analysiert und diskutiert werden. Neue Ideen, unkonventionell erscheinende Vorschläge, eventuell sogar risikoreiche Vorgehensvarianten sind unbedingt in Betracht zu ziehen. Motivierten Mitarbeitenden müssen die notwendigen Kompetenzen zur Neugestaltung gewisser Prozesse gegeben werden. Mögliche Fehlschritte sollen nicht bestraft, sondern gemeinsam korrigiert werden.

6. Erste Erfolge identifizieren und entsprechend würdigen
   Kleine Erfolge im Veränderungsprozess breit kommunizieren und entsprechend würdigen. Mitarbeitende, die das Erreichen erster Ziele ermöglicht haben, belohnen.

7. Erzielte Erfolge konsolidieren und die nächsten Veränderungen definieren
   Die durch die ersten erzielten Erfolge entstehende Akzeptanz des Veränderungsprozesses ausnützen, um die Mitarbeitenden von höchster Stelle aus für die nächsten Schritte zu ermutigen, nach

dem Motto: «Seht, wir können es schaffen!», «Yes, we can!». Die nächsten Schritte klar definieren und kommunizieren. Gegebenenfalls das «Change-Team» optimal auf die nächsten Schritte ausrichten und falls nötig verstärken.

8. Neue Ansätze in der Unternehmenskultur verankern
Den Zusammenhang zwischen den vollzogenen Veränderungen und den erzielten Erfolgen deutlich hervorheben. Nicht nachlassen bei der Würdigung der erbrachten Leistungen zur Realisierung der Veränderungsvorhabens.

Das Modell der 4-Zimmer-Wohnung

Das Modell veranschaulicht auf eine andere Art die Reaktion auf Veränderungen. Ziel ist auch hier ein möglichst optimales Verhalten der Führungskräfte.

Die Erfahrung zeigt, dass wir bezüglich des Umgangs mit uns aufgezwungenen Veränderungen – modellhaft gesprochen – in einer 4-Zimmer-Wohnung leben:

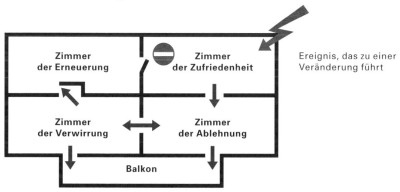

Quelle: The Four Rooms of Change, Claes F. Janssen, 1996–2004

Wenn alles für uns stimmt, leben wir im **Zimmer der Zufriedenheit**. Beim Eintreffen eines Ereignisses (Veränderungen in der Umwelt, Verschlechterung der finanziellen Situation, Reorganisation innerhalb des Betriebes, unerwartete Veränderungen im Beziehungsfeld usw.), das eine Neuorientierung erfordert, finden die wenigsten den direkten Weg vom Zimmer der Zufriedenheit ins **Zimmer der Erneuerung**.

Das **Zimmer der Ablehnung** und das **Zimmer der Verwirrung** sind fast obligatorische Zwischenstufen.

Im Zimmer der Ablehnung will man die Notwendigkeit einer Erneuerung nicht einsehen. Die Probleme werden so lange verleugnet, bis die Einsicht, meist sogar die Angst, dass es so nicht weitergehen kann, überhandnimmt und ins Zimmer der Verwirrung führt. Hier gilt es, gegensätzliche Aspekte zu ordnen, Widersprüche zu bereinigen und Informationen zu verarbeiten. Vom Zimmer der Ablehnung führt eine Drehtür ins Zimmer der Verwirrung. Das bedeutet, dass viele Mitarbeitende zwischen beiden Zimmern hin und her pendeln. Trotz der Unsicherheiten geht es im Zimmer der Verwirrung darum, Raum zu schaffen, zu reden, zu fantasieren, zu brainstormen, damit Neues entstehen kann.

Verbleibt eine Person zu lange im Zimmer der Verwirrung, kann dies zu einer Resignation bezüglich des Veränderungsprozesses führen. Die 4-Zimmer-Wohnung verfügt auch über einen **Balkon**, der Ort der inneren Kündigung oder der Gerüchte, auf den sich die Resignierenden begeben. Im Unternehmen entspricht der Balkon der Cafeteria.

Die Leute, die sich dort befinden, beteiligen sich nicht mehr am Geschehen, sie werden unproduktiv, wenn nicht sogar destruktiv. Möglicherweise treffen sie dort Mitarbeitende, die sich im Zimmer der Ablehnung aufhalten, und werden so wieder in Richtung Ablehnung gezogen. Es ist deshalb wichtig, herauszufinden, wer sich auf dem Balkon befindet.

Erst das intensive Auseinandersetzen mit dem Neuen öffnet die Türe ins **Zimmer der Erneuerung**. Die Türfalle ist allerdings versteckt. Nur wer das Neue akzeptiert und sich vom Alten verabschiedet hat, findet sie. Man beginnt Morgenluft zu wittern, sieht Licht am Horizont, beginnt an die Realisierbarkeit neuer Möglichkeiten zu glauben, neue Wege tauchen auf, der Blick weitet sich aus. Das Selbstbewusstsein kehrt zurück, konkrete Massnahmen werden umgesetzt, Tatkraft und Energie sind spürbar. Das bedeutet Aktion statt Reaktion. Ein klares Ziel zeichnet sich ab. Vieles wird möglich, und man begibt sich endgültig in neue Gewässer.

Auch im Zimmer der Erneuerung besteht die Gefahr, dass gute Führungskräfte das Unternehmen verlassen. Wenn die gewünschte Veränderung nicht genügend schnell stattfindet und dazu einige ihrer Kollegen im Alten verharren, könnten sie im Glauben, anderweitig gefragt zu sein, das Unternehmen verlassen. Es ist deshalb unerlässlich, ihnen zu vermitteln, wie wichtig sie für die Zukunft des Unternehmens sind.

Etwas später verlässt man das Zimmer der Erneuerung und begibt sich wieder ins Zimmer der Zufriedenheit. Das Neue wird zur Gewohnheit. Früher oder später wird man aber wieder mit einer neuen Situation konfrontiert. Der Kreislauf beginnt von vorne.

Wie lange der Aufenthalt einer Person in den verschiedenen Zimmern dauert, ist von Individuum zu Individuum verschieden. Grundsätzlich entspricht jedoch unser Verhalten in allen Situationen, in denen wir mit aufgezwungenen Veränderungen konfrontiert werden, diesem 4-Zimmer-Modell: im Kreise der eigenen Familie, im Unternehmen, im Verein, in der Politik.

Entscheidend ist, dass die Menschen in den verschiedenen Zimmern anders angesprochen und behandelt werden wollen. Hier liegt der grosse Nutzen des Modells. Wer diese Erkenntnis verinnerlicht hat, wird in der Lage sein, situativ richtig zu handeln und den Veränderungsprozess zu erleichtern. Die notwendigen Schritte zur Erneuerung lassen sich so mit geringerem Reibungsverlust vollziehen.

Personen, die sich im **Zimmer der Ablehnung** und im **Zimmer der Verwirrung** aufhalten, sind besonders gefährdet. Es besteht das Risiko, dass sie das Unternehmen verlassen oder sich auf den Balkon begeben (innere Kündigung, Verbreitung von Gerüchten).

Es ist deshalb wichtig, zu wissen, wer sich bei einem Veränderungsprozess zu welchem Zeitpunkt in welchem Zimmer aufhält, um sich entsprechend verhalten zu können.

Wie geht man also mit Mitarbeitenden, die sich in den jeweiligen Zimmern aufhalten, am besten um?

Verhalten der Führungskräfte im Umgang mit Personen, die sich im Zimmer der Zufriedenheit befinden

– Dafür sorgen, dass sich ihr Team durch Weiterbildung ständig den Entwicklungen im Unternehmen und im Markt anpasst.
– Energie für eine gut funktionierende Teamarbeit verwenden.

Verhalten der Führungskräfte im Umgang mit Personen, die sich im Zimmer der Ablehnung befinden

– Respekt zeigen.
– Einzelgespräche führen, ruhig zuhören. Gruppengespräche bringen hier nichts.
– Die betroffenen Personen schonungsvoll mit der Realität, das heisst mit den Hintergründen und den Zielen der Veränderung, konfrontieren.
– Logische Erklärungen und die Argumentation mit Fakten bringen nichts. Die Situation ist emotional zu geladen.
– Gut gemeinte Ratschläge sind kontraproduktiv.
– Gute Führung besteht darin, das Gleichgewicht zwischen Raumgeben für die Bewältigung des unvermeidlichen Prozesses und Festhalten an den Zielen der Veränderung zu finden.
– Hartnäckige Ablehner tendieren, sich so zu äussern: «Mit mir nicht!» In der Regel sind dies starke, selbstbewusste Persönlichkeiten, die überzeugt sind, anderweitig eine gute Stelle zu finden. Es besteht deshalb das Risiko, entscheidende personelle Ressourcen zu verlieren. Es ist wichtig, diese potentiellen Ablehner zu Beginn des Veränderungsprozesses zu identifizieren und sich speziell um sie zu kümmern.
– Bildlich ausgedrückt handelt es sich hier um das Ritual «Klagemauer» (die Menschen im Zimmer der Ablehnung sollen klagen dürfen).

Sollte es im Einzelgespräch gelingen, Personen, die sich hartnäckig im Zimmer der Ablehnung aufhalten, vom Sinn und Wert des Neuen zu überzeugen, können diese zu einflussreichen Botschaftern für die Notwendigkeit der Veränderung werden. Als ehemalige Neinsager wirken sie unter Umständen sogar noch überzeugender als die Initianten und Befürworter des Veränderungsprozesses.

Verhalten der Führungskräfte im Umgang mit Personen, die sich im Zimmer der Verwirrung aufhalten

– Angstgefühle ernst nehmen.
– Auf persönliche Anliegen der Betroffenen eingehen.
– Nach ihren Zielen und Perspektiven fragen («Können Sie sich vorstellen, dass …?»).
– Betroffene möglichst zu Beteiligten machen.
– Hier können Gruppendiskussionen hilfreich sein.
– Sinnvoll und möglichst konkret über die Hintergründe der Veränderung informieren.
– Wenn immer möglich kurzfristige Ziele setzen, damit das Team bereits nach kurzer Zeit den Erfolg sieht.
– Erfahrungsberichte aus anderen Unternehmen, die einen ähnlichen Prozess erfolgreich durchlaufen haben, helfen mit, den Mitarbeitenden den notwendigen Mut und Durchhaltewillen zu vermitteln.
– Verunsicherte Mitarbeitende haben die Tendenz, sich wie folgt zu äussern: «Ich kann das nicht, ich bin nicht die richtige Person für diese neue Aufgabe!» Es ist deshalb wichtig, ihnen zu zeigen, dass sie dazu fähig sind und wie sie vorgehen müssen.
– Bildlich ausgedrückt handelt es sich hier um das Ritual «Beerdigung» (bewusst vom Alten Abschied nehmen).

Verhalten der Führungskräfte im Umgang mit Personen, die bereits einen Fuss im Zimmer der Erneuerung haben

– Den Fokus klar auf die Zukunft richten.
– Struktur in die zum Teil noch chaotischen Prozesse bringen, damit es überhaupt zur Neuausrichtung kommen kann.
– Änderungs- und/oder Erneuerungsideen der Betroffenen unbedingt in den Veränderungsprozess aufnehmen.
– Weiterhin ermutigen («Wir schaffen es!») und in erster Linie als Coach auftreten, der seinen Mitarbeitenden die nötige Wertschätzung entgegenbringt und sie bestmöglich unterstützt.
– Erzielte erste Erfolge kommunizieren und wenn immer möglich feiern.

Das lernende Unternehmen oder Veränderungsdruck als Chance

In unserer schnelllebigen Zeit werden die Führungskräfte unserer Unternehmen immer öfter und intensiver mit Veränderungen konfrontiert. Es wird in Zukunft ein unbestrittener Vorteil sein, wenn sich Belegschaften möglichst rasch und ohne negative Auswirkungen auf neue Situationen einstellen können. Führungskräfte müssen sich deshalb intensiv um ihre Mitarbeitenden kümmern und offen mit ihnen kommunizieren. Die beobachtbaren Verhaltensmuster (negativ und positiv empfundene Veränderungen, Aufenthalt in den verschiedenen Räumen der 4-Zimmer-Wohnung) geben klare Hinweise, wie dies am besten zu erfolgen hat.

Idealerweise kann man sogar noch einen Schritt weiter gehen: Wenn eine Unternehmensführung bereit und in der Lage ist, den Ratschlag zu befolgen, Veränderungen nicht nur zu ertragen, sondern sie zu lieben, eröffnet sich ihr eine einmalige Chance, kommende Herausforderungen zu bewältigen.

Das Ziel muss sein, Veränderungen als Chance zu sehen und sich einer neuen Situation rasch und ohne unnötigen Energieverlust anzupassen. Man sollte sich effektiv über Veränderungen freuen. Sie eröffnen die Chance, sich schnell und gut auf einem sich verändernden Markt zu positionieren und sich so einen Vorteil gegenüber der Konkurrenz zu verschaffen.

Das Modell des lernenden Unternehmens gehört vielleicht ins Reich des Wunschdenkens. Die Vorteile sind jedoch mehr als verlockend.

Sich vor dem Auftreten des ersten Druckes zu verändern, kann grosse Vorteile mit sich bringen, wenn es darum geht, Chancen auf dem Markt wahrzunehmen. Eine Veränderung wäre dann nicht mehr ein Muss oder gar eine Gefahr, sondern eine Chance, sich positiv zu profilieren.

Die durch das Vermeiden von Schmerz, Reibungsverlusten, Frustration und anderen Unannehmlichkeiten eingesparte Energie kann anderweitig gewinnbringend eingesetzt werden.

Veränderungen zum eigenen Vorteil ausnützen

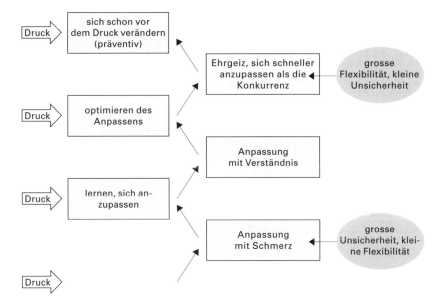

Einige zusätzliche Gedanken

Deep within humans dwell those slumbering powers;
powers that would astonish them, that they never
dreamed of possessing; forces that would revolutionize
their lives if aroused and put into action.
Orison Swett Marden (Schriftsteller)

Führen mit sicherer Basis

Im Jahr 2012 ist ein Buch mit dem Titel «Care to Dare – Unleashing astonishing potential through secure base leadership» erschienen. Frei interpretiert heisst dies auf Deutsch: «Sorge, kümmere dich um dich selbst und um deine Mitarbeitenden, damit du und sie es wagen, sich in die Zone der Herausforderung zu begeben und das vorhandene Potenzial voll auszuschöpfen. Benütze dabei das Führen mit sicherer Basis.»

Die Autoren George Kohlrieser, Susan Goldsworthy und Duncan Coombe stellen darin ein Modell vor, in dem einige in der vorliegenden Broschüre beschriebene Tipps vorkommen.

Als Professor am IMD in Lausanne hatte George Kohlrieser die Gelegenheit, rund tausend Manager aus den verschiedensten Bereichen zu interviewen. Sein Ziel war es, herauszufinden, was erfolgreiche von weniger erfolgreichen Führungskräften unterscheidet. Er ist dabei zu folgendem Schluss gelangt: Um erfolgreich zu führen, muss man selbst über eine sichere Basis verfügen und gleichzeitig den Mitarbeitenden eine sichere Basis anbieten. Ein Zitat von Jack Welch, früherer Präsident und CEO von General Electric, unterstreicht Letzteres: «Before you are a leader, success is all about growing yourself. When you become a leader, success is all about growing others.»

Eine sichere Basis ist entscheidend, um unser Grundbedürfnis nach Sicherheit und Geborgenheit zu befriedigen. Nur so können wir ohne Risiko unser Potenzial voll ausschöpfen und uns in unsere persönliche Zone der Herausforderung begeben. Der Funktionsmechanismus unseres Gehirns veranschaulicht die Bedeutung einer sicheren Basis: Wenn wir mit einer effektiven oder vermuteten Lebensgefahr konfrontiert werden, vermeidet unser Gehirn wenn immer möglich Risiken und Veränderungen. Verfügt eine Person über eine sichere Basis, fällt es ihr wesentlich leichter, den Fokus weg von Gefahr, Angst, Schmerz und Verlust auf Chancenwahrnehmung, Vorteil, Nutzen und Gewinn zu lenken.

Der Vergleich mit dem Bergsteigen kann zur Illustration dieser These dienen. Ein Bergsteiger kann nur dann seine Kraft und seine Fähigkeiten optimal einsetzen und ans Limit gehen, wenn er überzeugt ist, dass er sich hundertprozentig auf seinen ihn sichernden Kameraden verlassen kann. Er muss über eine sichere Basis verfügen.

Was ist nun im Kontext von Führungsaufgaben eine sichere Basis? Nach George Kohlrieser et al. kann dies vieles sein: Personen (Eltern, Familie, Freundeskreis, ein vertrauenswürdiger Chef), Orte (eine Alphütte in den Bergen, eine romantische Ferieninsel), Gott oder die Religion und auch persönlich angestrebte Ziele. Im weitesten Sinne kann alles als sichere Basis dienen, das einem das Gefühl von Sicherheit und Geborgenheit gibt und gleichzeitig Energie freisetzt, damit man sich in die Zone der Herausforderung zu begeben wagt. Demzufolge hat die sichere Basis zwei Seiten: eine Sicherheit suchende, sich sorgende, betreuende, pflegende und eine nach Ausserordentlichem strebende, herausfordernde, wagende.

Leistungen, die über die Erwartungen hinausgehen, lassen sich nur dann erreichen, wenn sich alle Beteiligten auf eine sichere Basis abstützen können. Führungskräfte sollten deshalb gleich stark auf die Bedürfnisse und das Wohlergehen der Mitarbeitenden wie auf die angestrebten Ziele fokussiert sein. Die grosse Kunst besteht darin, die Bindung an die Mitarbeitenden und die Fokussierung auf die Ziele auszubalancieren. Man lebt «Führung mit sicherer Basis», wenn man für seine Mitarbeitenden Komfort und Risiko, Unterstützung und Anspruch, Schutz und Herausforderung ins Gleichgewicht bringt. Eine Führungskraft muss die persönlichen Interessen der Mitarbeitenden berücksichtigen und sie unterstützen, auch wenn Letztere zögerlich vorgehen oder Fehler begehen. Gleichzeitig muss sie sich jederzeit bewusst sein, wo die Grenzen des Zumutbaren liegen.

Führungskräfte versagen:
- wenn es ihnen nicht gelingt, andere zu inspirieren;
- wenn sie nicht verstehen, welch grossen Einfluss ihr eigenes Verhalten auf andere hat;

- wenn sie sich ohne Rücksicht auf das Verhältnis zu ihren Mitarbeitenden auf die Ziele fokussieren;
- wenn sie ihre Emotionen nicht im Griff haben.

Durch das gleichzeitige Umsorgen («caring») und die Bereitschaft, Risiken auf sich zu nehmen, um Ausserordentliches zu erreichen («daring»), handelt man, um zu gewinnen.

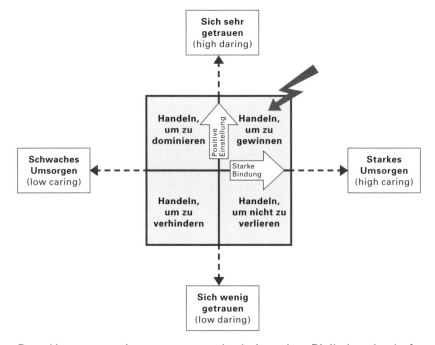

Das «Umsorgen, ohne zu wagen», das heisst ohne Risikobereitschaft, führt zum «Handeln, um nicht zu verlieren», das «weder umsorgen noch sich getrauen» zum «Handeln, um zu verhindern» und das «Wagen, ohne zu umsorgen» zum «Handeln, um zu dominieren».

Um die Herausforderungen der Zukunft erfolgreich zu meistern, sollte ein Unternehmen sicherstellen, dass alle seine Mitarbeitenden handeln, um zu gewinnen.

Gemäss George Kohlrieser et al. verhält sich eine kompetente Führungskraft wie folgt:
- Sie bleibt immer ruhig.
- Sie akzeptiert die Individualität aller Mitarbeitenden.
- Sie sieht überall und immer Erfolgs- und Verbesserungspotenzial.
- Sie benützt das «Zuhören» und das «Nachfragen» als wichtiges Führungsinstrument.
- Sie setzt mit Überzeugung klare Ziele.
- Sie ist grundsätzlich auf das Positive fokussiert.
- Sie ermutigt die Mitarbeitenden, Risiken einzugehen.
  Sie begeistert durch echte, überzeugende Motivation.
- Sie ist wenn immer möglich für die Mitarbeitenden zugänglich und erreichbar.

George Kohlrieser et al. geben eine Vielzahl praktischer Hinweise, wie man selbst eine sichere Basis aufbaut und wie man für andere eine sichere Basis sein kann.

Mehr Vision – weniger Entscheide

Sowohl beruflich wie privat müssen wir immer wieder Entscheide treffen. Diesem Zwang können wir nicht ausweichen. Entweder sagen wir Ja, oder wir sagen Nein. Entweder lassen wir etwas, wie es ist, oder wir ändern es. Entweder tun wir heute etwas, oder wir tun nichts. Laufen lassen und nichts tun sind genauso Entscheidungen wie ändern und tun. Oft würden wir am liebsten gar nicht entscheiden. Aber das geht leider nicht.

Beim nachhaltigen Führen eines Unternehmens geht es nicht darum, entweder kurz- oder langfristig Erfolg zu haben, sondern sowohl als auch. Es geht auch nicht darum, entweder ökonomische oder ökologische Lösungen anzustreben, sondern sowohl als auch. Und bezüglich des Führungsstils geht es nicht darum, autoritär oder partizipativ zu führen, sondern sowohl als auch, je nach Situation.

Die Liste derartiger Gegensätze liesse sich beliebig verlängern. Obwohl wir nicht um das Entweder-oder herumkommen, werden wir immer wieder in das Sowohl-als-auch gezwungen.

Mit dieser Thematik haben sich die Vertreter der Religionen, die Philosophen und seit einiger Zeit auch die Physiker intensiv beschäftigt. Die einen nennen es das Gleichgewicht zwischen Yin und Yang, andere das Polaritätsgesetz oder das kosmische Gesetz der Einheit. In der Physik zeigt es sich in der Dualität des Lichts, das – wie wir gesehen haben – nicht entweder Teilchen oder Welle ist, sondern sowohl als auch, je nach durchgeführtem Experiment.

Alle meinen das Gleiche: Nur durch die Vereinigung der Gegensätze lässt sich die letztliche, absolute Wahrheit finden. Allein schon das Erkennen dieser Problematik kann unser Verhalten beeinflussen.

Im Folgenden einige wichtige Konsequenzen einer Auseinandersetzung mit dem Entweder-oder und dem Sowohl-als-auch:
- Da jeder Entscheid zwischen möglichen Alternativen zu Unsicherheit und Unzufriedenheit führen kann (insbesondere wenn sich die Meinungen der Anwesenden nicht decken), muss man versu-

chen, zu verhindern, dass es überhaupt zu Entscheidsituationen kommt. Das bedingt, dass eine von allen Mitarbeitenden akzeptierte Vision für das Unternehmen vorliegt. Wenn alle wissen, wo rum es letztlich geht, wenn alle am gleichen Strick ziehen, erübrigen sich viele Detailentscheide. Schliesslich wollen wir ja unsere Ziele erreichen und nicht entscheiden um des Entscheidens willen. Als Vorgesetzte sollten wir nicht primär als Chef auftreten, eingreifen, entscheiden oder gar herumreissen, sondern im Sinne eines Gärtners wachsen lassen, pflegen, gut zusprechen.

– Anstatt in einer Problemsituation als Erstes in Alternativen zu denken, sollte man die gemeinsame Vision in den Vordergrund stellen. Wenn entschieden werden muss, richte man den Blick nach vorne. Ein evolutiver Schritt in Richtung Ziel ist in der Regel vielversprechender als das Bekämpfen des Ist-Zustandes.

– Muss trotzdem zwischen Alternativen entschieden werden, was häufig der Fall ist, sollte man sich nach dem getroffenen Entscheid nicht in der Meinung zurücklehnen, die Arbeit sei getan. Es lohnt sich, die Nachteile der gewählten und die Vorteile nicht gewählter Alternativen im Auge zu behalten. Nur so kann man gegebenenfalls korrigierend eingreifen.

Mehr Effizienz durch mehr Menschlichkeit

– Warum existieren Planungsdossiers, die säuberlich erarbeitet wurden, anschliessend aber in den Schreibtischschubladen verschwinden?
– Warum ist es relativ einfach, eine Vision zu entwickeln und eine entsprechende Strategie zu formulieren, aber schwierig, diese umzusetzen?

Der Versuch, bei komplexen wirtschaftlichen Zusammenhängen mit Hilfe von Zielsetzungen und Anordnungen Klarheit zu schaffen, bringt nicht immer die erhofften Resultate. Immer mehr Manager scheinen zu verstehen, dass bereits das einzelne Unternehmen zu komplex ist, als dass es sich einfach von oben her steuern liesse. Also müssen sie darauf zählen können, dass viele Probleme durch die Mitarbeitenden aus eigener Initiative gelöst werden.

Dieses unaufgeforderte Mitführen auf unteren Stufen kann für das Erreichen der Zielsetzungen entscheidend sein. Problematisch ist einzig, dass sich dies nicht unbedingt mit dem althergebrachten Führungsstil in Einklang bringen lässt. Der erfolgreiche Einbezug des Mitführens erfordert etwas, das man als Sozialkompetenz oder als soziale Energie bezeichnen kann. Strategische Ziele machen sich gut auf dem Papier. Sie erweisen sich auch als nützlich in der Zusammenarbeit zwischen Geschäftsleitung und Verwaltungsrat, aber sie vermögen nicht immer, die verborgenen Kräfte der Mitarbeitenden zu mobilisieren.

Ein modernes, zukunftsorientiertes Management wird zur Umsetzung seiner Vision und zum Erreichen seiner Ziele versuchen, die auf Sozialkompetenz basierende Energie einzusetzen. Wie entsteht diese Energie? Durch Sehnsüchte, Emotionen, Stimmungen und durch Zuneigung, so komisch dies im Zusammenhang mit der Führung eines Unternehmens klingen mag. Die soziale Energie entsteht aus Liebe zur Arbeit, Verbundenheit mit dem Unternehmen und aus Wertschätzung für alle im Betrieb Beteiligten. Aus diesem Grund ist die Effizienz eines Unternehmens letztlich abhängig von der gespürten und gelebten Menschlichkeit.

Wollen die Manager von morgen ihre Ziele erreichen, sollten sie sich nicht ausschliesslich auf klar formulierte Zielsetzungen, auf eine präzise und sachliche Befehlsgebung, auf Disziplin und Kontrolle konzentrieren. Ihre Menschlichkeit, die Wärme ihrer Seele werden ebenso wichtig sein wie ihre Analysefähigkeit, ihr logisches Denken und ihre Fachkompetenz. Diese als Charisma bezeichneten Fähigkeiten haben mit Fürsorge, mit Dienen, eben mit Menschlichkeit zu tun.

Das Management mittels sozialer Energie liegt zwischen dem althergebrachten, patriarchalischen Führungsstil und dem Laisser-faire. Je turbulenter sich die Märkte entwickeln, desto kontraproduktiver werden sich diese beiden Extreme erweisen. Am ehesten wird es mit der vom charismatischen Manager erzeugten sozialen Energie möglich sein, das langfristige Überleben des Unternehmens zu sichern. Diese auf Zuneigung, Respekt und letztlich Menschlichkeit basierende Art zu führen hat nichts mit mangelnder Durchschlagskraft oder gar Schwäche zu tun. Das Mitführenlassen der unteren Hierarchiestufen heisst nicht, dass jeder tun darf, was ihm beliebt. Eine gemeinsam erarbeitete und von allen verstandene und getragene Vision bleibt eine Grundvoraussetzung für erfolgreiches Handeln, wird alleine jedoch nicht mehr genügen. Deshalb, und nicht aus sentimentalen Gründen, müssen wir sämtliche Mitarbeitende achten, umsorgen und unterstützen, wo wir können. Nur mit aus Überzeugung gelebter Menschlichkeit lassen sich die auf uns zukommenden Herausforderungen erfolgreich meistern.

Vom Träumen

Wir alle stellen uns wohl öfter die Frage: Wie kann oder muss ich dieses oder jenes Problem angehen?

In der Regel wird angenommen, dass es richtig ist, Probleme aufgrund einer seriösen Analyse des Ist-Zustandes, basierend auf erhärteten Fakten, anzupacken. Doch erreichen wir damit unsere Ziele? Können wir damit den Ist-Zustand auf befriedigende Art und Weise verändern? Anhand von welchen Kriterien lassen sich die verschiedenen Handlungsalternativen beurteilen? Die Tatsache, dass uns der Ist-Zustand nicht befriedigt, wird kaum genügen. Nur im Kontext unserer Vision können wir die Auswirkungen verschiedener Alternativen schlüssig beurteilen.

Wäre es deshalb nicht sinnvoll, sich bei der Problemlösung primär auf unsere Vision zu konzentrieren? Die Frage «Was wollen wir eigentlich erreichen?» sollte mindestens ebenso wichtig sein wie die Analyse des Ist-Zustandes. Sollten wir nicht völlig unbelastet von Fakten den Soll-Zustand träumen? Dies mit dem Risiko, als optimistisch, naiv oder gar unrealistisch angesehen zu werden?

Eine faktenbezogene Betrachtungsweise ist immer ein Blick zurück. Nicht, dass dies nicht auch nützlich sein kann, um zu lernen und gemachte Fehler nicht zu wiederholen. Mehr bringt es jedoch nicht. Das analytische Vorgehen ist nur dann erfolgreich, wenn das angestrebte Ziel einer Extrapolation der Vergangenheit in die Zukunft entspricht. In ruhigen Zeiten kann das der Fall sein. In turbulentem Fahrwasser muss ein guter Problemlöser nicht primär ein guter Analytiker, sondern ein Träumer sein. Er muss sich vorstellen können, was er mit seinem Unternehmen erreichen will. Ein guter Problemlöser sollte nicht bloss «mit beiden Füssen auf dem Boden stehen». Vorstellungskraft, Fantasie, Beweglichkeit, Optimismus – und vielleicht sogar ein gesundes Mass an Naivität – sind ebenso entscheidend. Wenn es ihm gelingt, seinen Traum den Menschen in seinem Einflussbereich zu übermitteln, wird er umso erfolgreicher sein.

Alles, was heute materiell existiert, ist aus einer Idee, einer Vorstellung, einem Traum entstanden. Dies gilt nicht nur für das Werk eines Künstlers, sondern für alltägliche Gegenstände wie Fahrräder, Fernseher, Teelöffel, Schraubenzieher usw.

Nicht analysierte Fakten, sondern aus Wunschträumen abgeleitete Ideen bringen uns weiter. Letztere sind es auch, die immer wieder zu epochalen Neuerungen geführt haben. Tatsache ist, dass **die Gedanken von heute der Realität von morgen entsprechen.**

Mit dieser Erkenntnis fällt es leichter, in Problemsituationen einen grossen Teil unserer Energie für das «träumerische» Erfassen des Soll Zustandes einzusetzen. Speziell im Bereich der Wirtschaft würde vermehrtes Träumen verhindern, dass wir vor lauter Zahlen und Fakten den tieferen Sinn unseres Handelns aus den Augen verlieren. So riskieren wir auch weniger, neue Entwicklungen zu verpassen. Wir können gleichzeitig die von der Öffentlichkeit mit Recht gestellte Frage nach dem Sinn des Unternehmens spontan beantworten. Träumen ist nicht nur schön, es bringt auch den erhofften Erfolg.

Wer rastet, der rostet

Wie der einzelne Mensch, wenn er sich nicht immer neuen Herausforderungen stellt, in seiner Leistungsfähigkeit nachlässt, verlieren Organisationen ohne den Willen zur laufenden Erneuerung die Kraft, die es braucht, um erfolgreich zu sein.

Veränderung, mit entsprechender Anpassung, ist deshalb – wie vorgängig erwähnt – wichtig. Sie sollte der Motor sein, der uns antreibt und garantiert, dass wir überlebensfähig bleiben. Aus dieser Sicht ist es unverständlich, dass sich jemand gegen Veränderungen sträubt. Warum werden neue Ideen oft als Gefahr für das Bestehende betrachtet? Warum geschieht es immer wieder, dass Leute mit revolutionären Ideen als Systemzerstörer bezeichnet werden statt als Katalysatoren für eine positive Entwicklung?

Das Sich-ständig-anpassen-Müssen macht unser Leben nicht einfacher. Die zu steuernden Prozesse werden immer komplexer, und die in der Vergangenheit bewährten Managementmethoden erweisen sich nicht immer als hilfreich.

Warum glauben wir oft nur dann, es sei an der Zeit, etwas zu ändern, wenn der Druck so intensiv wird, dass das ungute Gefühl aufkommt, das Ganze nicht mehr im Griff zu haben? Wenn wir am liebsten die Welt anhalten möchten, weil uns das bisher praktizierte Vorgehen nicht mehr ans Ziel führt? Warum ändern wir erst dann unsere Einstellung gegenüber dem Wandel?

Neues ist eine Chance für die Zukunft und nicht eine Gefahr für das Bestehende. Obwohl sich die Auswirkungen neuer Ideen nie mit Sicherheit voraussagen lassen, ist durch den Aufbruch zu neuen Ufern das Risiko für das Überleben des Unternehmens kleiner als durch das Festhalten an Altbewährtem. Auch wenn die Vergangenheit erfolgreich war, bringt der Blick zurück nicht viel. Auf gemachte Erfahrungen muss man nicht verzichten. Sie sind jedoch immer wieder auf ihre Nützlichkeit zu überprüfen.

In unseren immer turbulenter werdenden Zeiten wird zum Überleben nicht die heutige Stärke und Grösse (oder die erfolgreiche Vergangenheit) von Bedeutung sein, sondern die Fähigkeit, sich rasch und ohne unnötigen Reibungsverlust an neue Situationen anzupassen.

So gesehen verwandelt sich der Andersdenkende vom Kritiker – oder gar vom vermeintlichen Systemzerstörer – zum Katalysator für den überlebenswichtigen Wandel.

Mitspielen statt nur zuschauen

Ein guter Manager ist jemand, der – zusammen mit seinem Team – das Überleben des ihm anvertrauten Unternehmens sicherstellt. Kaum jemand wird dieser Aussage widersprechen. Doch was bedeutet sie? Was müssen dieser Manager und sein Team tun, um ihre Ziele zu erreichen?

Oft hört man folgende Antworten:
- Ein gutes Führungsteam muss wissen, in welche Richtung eine erfolgreiche Entwicklung des Unternehmens zu gehen hat.
- Ein gut geführtes Unternehmen muss mit den Trends und nicht gegen sie arbeiten.
- Ein gutes Unternehmen muss die Bedürfnisse und Probleme seiner heutigen und möglichen zukünftigen Kunden frühzeitig erkennen, um sie rechtzeitig befriedigen und lösen zu können.

Eine gute Führungskraft muss sich also ständig über Entwicklungen informieren, Markt- und Branchenberichte studieren, aufmerksam verfolgen, was Trendforscher sagen, usw.

Doch genügt dies, damit sich ein Unternehmen langfristig erfolgreich positionieren kann?

Sich informieren (sprich zuschauen) kann jeder. Ein solches Verhalten führt nicht zu einer Profilierung des Unternehmens gegenüber anderen Anbietern. Gefragt ist aktives Teilnehmen am Entwicklungsprozess – mit anderen Worten Mitspielen.

Nur wer für seine heutigen und zukünftigen Kunden immer wieder innovative Problemlösungen sucht, kann sich längerfristig von seinen Konkurrenten abheben.

Aktives Mitspielen erfordert ein Verhalten, das mehr beinhaltet als das, was heute in der Regel für eine erfolgreiche Unternehmensführung als wichtig gilt. Wer sich vom Zuschauer zum aktiven Mitgestalter entwickeln will, muss alle seine Sinne einsetzen. Er muss in erster Linie erfahrungsbedingte Vorurteile abbauen. Die Signale neuer Entwicklungen sind zu Beginn oft so schwach, dass sie nur von sehr sensiblen Menschen wahrgenommen werden. Durch Erfahrung entstandene Selbstsicherheit, oder gar der Stolz auf Erreichtes, führen leicht dazu, derartige Signale zu übersehen.

Aus diesem Blickwinkel stehen Erfahrung, Analysefähigkeit oder rationales Denken und Handeln nicht mehr allein im Vordergrund. Andere Eigenschaften wie Vorstellungsvermögen, respektieren von Andersdenkenden, beobachten und zuhören spielen eine ebenso wichtige Rolle. Offenheit, Bescheidenheit und Toleranz werden zu wichtigen Erfolgsfaktoren.

Wie bei einem Fussballspiel, bei dem sich auch nicht alles planen lässt, ist es auch beim Führen eines Unternehmens: Intuitiv spüren, was zu tun ist, entscheidet sehr oft über Erfolg oder Misserfolg. Erfolgreiche Manager und ihre Teams hören deshalb auf ihre Gefühle. Sie setzen ihre Fantasie und Intuition ein. Sätze wie «Ich weiss, dass das nicht funktionieren kann», «Das hat noch nie geklappt», «Für nichts habe ich mich doch nicht während Jahren ausbilden lassen und Erfahrungen gesammelt» sollten nicht mehr zu hören sein.

Die erfolgreiche Führungskraft hört auch dann gut zu, wenn sich die Argumente der Gesprächspartner als unangenehm, weil nicht in ihr Weltbild passend, erweisen. Sie muss fähig sein, andere Ansichten in ihre Überlegungen einzubeziehen. Nur so kann sie die notwendigen Antennen entwickeln, die es gestatten, Anzeichen von neuen Trends frühzeitig zu erkennen und rasch Lösungen zu finden.

Jede Managerin und jeder Manager, jedes Führungsteam, jedes Unternehmen kann sein Verhalten selbst wählen und dadurch entscheiden, ob im entsprechenden Verantwortungsbereich nur zugeschaut oder eben mitgespielt wird. Eines ist sicher: Wie im Sport hat der Zuschauer von allen Beteiligten den kleinsten Einfluss auf den Verlauf der Dinge.

Schlusswort

Nicht weil es schwer ist, wagen wir's nicht;
weil wir's nicht wagen, ist es schwer.
Seneca

Der wohl beste Weg, die Bedeutung und Wirkung des Dargelegten nicht nur zur Kenntnis zu nehmen, sondern es «zu erleben» und «zu fühlen», ist die Methode des «Experiental Learning». Letzteres gestattet, sich mit konkreten Aufgaben auseinanderzusetzen (sowohl theoretisch als auch praktisch), zu beobachten, was dabei geschieht, und anschliessend zu reflektieren und zu diskutieren, welche Lehren daraus gezogen werden können. Raffiniert durchdachte Übungen, «outdoor» und «indoor», gestatten es den Teilnehmenden, sich in 1:1-Situationen sowohl physisch (im Rahmen ihrer Möglichkeiten) als auch geistig und emotional in ihre «Zone der Herausforderung» zu begeben. Denn genau dort kann man am besten lernen und wertvolle Erfahrungen für den Berufsalltag sammeln. Zudem werden leicht verständliche Modelle verwendet, um das zu Lernende zu veranschaulichen. Letztliches Ziel ist es, die gemachten Erfahrungen und das daraus Gelernte ins tägliche Leben zu übertragen. So lässt sich der oft schwierige Schritt von der Theorie in die Praxis einfacher vollziehen.

Quellenangaben

Der grosse Teil des Inhalts dieser Broschüre stammt aus Seminaren, die ich geplant und durchgeführt, aus Vorträgen, die ich gehalten, sowie aus Artikeln, die ich während meiner beruflichen Laufbahn publiziert habe. Unter anderem:

Strategien für eine Mitarbeitergerechte Organisationsentwicklung, InnoVatio Verlag, Bonn-Freiburg-Ostrava, 1995.

Die Neue Führungskunst – The New Art of Leadership, «Führungspraxis und Führungskultur», Symposion Publishing GmbH, Düsseldorf, 2007.

Peter Drucker – der Mann, der das Management geprägt hat. «Erinnerungen und Ausblick zum 100. Geburtstag», Verlag Sordon, Göttingen, 2009.

Die auf den Seiten 36 bis 38 dargelegten Überlegungen basieren auf der Opus Customer-focused Change Methode®, Opus Network Center, Terra Firma AG, CH-4312 Magden.

Die Insights Discovery®-Tabellen auf Seiten 50/51 entstammen Unterlagen der Firma The Insights Group Ltd.

Der Inhalt des Abschnitts «Sprache und Blickrichtungen – Hinweise für ein besseres Verständnis des Gesprächspartners» habe ich zum grossen Teil Seminarunterlagen von Dr. Fritz Nägle, Horst-Rückle-Team, entnommen.

Die Quellen der beschriebenen Modelle sind an den betreffenden Stellen angegeben. Modelle ohne Quellenangabe sind entweder eigene Kreationen oder Kreationen der Stucki Leadership & Teambuilding AG, www.stucki.ch.

Der Abschnitt «Führen mit sicherer Basis», S. 126, basiert auf dem Buch von George Kohlrieser, Susan Goldsworthy und Duncan Coombe: Care to Dare, Unleashing astonishing potential through Secure Base Leadership, Verlag John Wiley & Sons, 2012.

Das Zitat auf Seite 18 «Die Wahrheit liegt zwischen den Menschen» stammt vom Philosophen Martin Buber.

Dank

Von ganz entscheidender Bedeutung beim Entstehen und Realisieren dieses Projektes war ein hilfreiches Umfeld. Angefangen von den Chefs, für die ich seit meinem Einstieg ins Berufsleben arbeiten durfte und von denen ich viel gelernt habe, über meine Familie, die mir jederzeit mit grossem Verständnis und uneingeschränkter Unterstützung zur Seite stand, bis zu den Personen, die mir geholfen haben, meine Gedanken und Erfahrungen so zu ordnen und zu präsentieren, dass daraus etwas Verständliches und Lesbares entstanden ist. Dies sind insbesondere Susann Trachsel-Zeidler und Benita Schnidrig von der Stämpfli Verlag AG sowie Edith Helfer Kalua, die für das Layout und die Gestaltung der Abbildungen verantwortlich zeichnet.

Ebenfalls zu grossem Dank verpflichtet bin ich Maurice Gerussi, einem beruflichen Weggefährten, dessen kritische Begutachtung äusserst hilfreich war, sowie last but not least meiner Frau Thérèse Obrecht Hodler, die als erfahrene Journalistin meinen Text im Detail überarbeitet und nicht unwesentlich verbessert hat.

Dem Team der Stucki Leadership & Teambuilding AG, deren Kunde ich mehrmals war und für die ich seit meiner Teilpensionierung als Freelance-Trainer und -Coach arbeiten darf, danke ich für die unzähligen Inputs und Anregungen. Dass ich in zahlreichen Seminaren, sei es als Teilnehmer oder als Trainer, die konkreten Auswirkungen der in dieser Broschüre propagierten Verhaltensweisen habe erleben und beobachten dürfen, hat wesentlich dazu beigetragen, dass ich von deren positiver Wirkung überzeugt bin.

Mein Dank gilt selbstverständlich auch allen Vertreterinnen und Vertretern der jüngeren Generation, die mich in unzähligen Diskussionen immer wieder herausgefordert und zum Nachdenken angeregt haben.

Kurzbiografie des Autors

Martin Hodler, 1944 geboren in Bern (Schweiz), verheiratet und Vater von drei erwachsenen Töchtern. Abschluss der Schulausbildung mit der Matura Typus C (1963), Studium der Chemie (mit den Nebenfächern Physik und Betriebswirtschaftslehre) an der Universität Bern. Abschluss: Dr. phil. II im Jahre 1972.

Milizoffizierskarriere bis zum Chef Nachrichten im Stab Bundesrat der Schweizerischen Eidgenossenschaft als Oberstleutnant (1964–1998).

Von 1973 bis 1994 Forschungschemiker, Forschungsmanager und Chef Öffentlichkeitsarbeit bei der Firma Hoffman-La Roche & Co. AG in Basel, Chef Produktion und Stabschef der Attisholz Holding (Cellulose und Papierfabrikation), Generaldirektor der Zep Industries SA (Unterhalts- und Reinigungschemie) sowie Leiter der Abteilung Qualitätsmanagement der ATAG Ernst&Young AG.

Von Januar bis Mai 1979 Absolvent des «Program for Executive Development» der IMD Business School in Lausanne (vormals IMEDE).

Seit 1992 Mitglied des Verwaltungsrates der Infré SA (internationaler Marktleader für die Entkoffeinierung von Tee): 1994–2001 Direktor, 2001–2011 Präsident des Verwaltungsrates und CEO. Seit 2012 im Teilpensum Präsident des Verwaltungsrates und Leiter diverser Forschungsprojekte sowie Verantwortlicher für das Qualitätsmanagement.

Mitglied der Verwaltungsräte von Zep Industries Schweiz (Präsident 1986–1992), Toni Holding AG (Mitglied und anschliessend Präsident 1988–1998), OTIS Schweiz AG (Mitglied 1988–2012), Swiss Holiday Park AG (Mitglied seit 2002), Olympiabewerbung BERNE 2010 (Präsident 2001–2003) und Communicators AG, Bern (Mitglied seit 2005).

Seit 2012 im Teilpensum Freelance-Trainer und -Coach bei der Stucki Leadership & Teambuilding AG (Experiental Learning/Training/Coaching).